오늘은 기적이고 선물입니다

오늘은 기적이고 선물입니다

초판 1쇄 2020년 12월 22일

지은이 한예진 | **펴낸이** 송영화 | **펴낸곳** 굿위즈덤 | **총괄** 임종익

등록 제 2020-000123호 | **주소** 서울시 마포구 양화로 133 서교타워 711호

전화 02) 322-7803 | **팩스** 02) 6007-1845 | **이메일** gwbooks@hanmail.net

© 한예진, 굿위즈덤 2020, *Printed in Korea*.

ISBN 979-11-972282-7-8 03190 | 값 **15,000원**

현재를 긍정하며 행복하게 사는 법

오늘은 기적이고 선물입니다

-

한예진 지음

굿위즈덤

내 안의 또 다른 나를 발견하고 찾아가는 삶은 축복받은 삶이다. 언어가 뜻을 갖기 훨씬 전부터 인류는 미술을 통해 의사소통을 했으며 말로 소통이 어려운 사람들에게 생각과 마음을 전달했다. 우리의 믿음, 불안, 신념, 공포, 괴로움 등 우리 자신 안에 있는 자아상도 모두 미술로 표현이 가능하다.

미술 교육을 하면서 가장 힘들었던 것은 각자 삶의 목적과 방향이 다르다는 것이었다. 사회가 정해준 제도하에서 아이들 각자의 뜻과 방향과 목적에 맞추면서 자유로움과 즐거움을 주는 미술 교육을 하기가 어려웠다.

미술 수업을 어떻게 하면 더 잘할 수 있을지 많은 고민을 했다.

아이들을 가르치려고 하는 선생님이 아니라 곁에서 도와주는 선생님 역할을 자처했다. 아이들에게는 물고기를 잡아주는 것이 아니라, 물고기를 스스로 잡을 수 있게 해주는 것이 필요하다. 미술도 마찬가지다. 미술을 스스로 좋아하게 만드는 동기 부여가 가장 중요하다.

미술에 대한 평가도 미적 체험을 통해 성장해가는 인간 형성 과정과 창의적 조형 태도에 관심을 두고 이루어져야 한다. 그러나 무한 경쟁을 부추기는 우리 현실에서는 제대로 된 평가를 하기가 어렵다고 생각한다.

부모라면 누구나 자녀의 성공을 원한다.

아이의 미래를 위해서라도 정서적으로 독립되게 키우도록 노력하며, 재촉하지 않고 아이가 스스로 할 수 있게 기다려주는 교육이 되기를 바란다. 그래서 결과와 경쟁에서 이기는 것에만 치우치지 않게 되었으면 좋겠다.

예술을 활용하여 더 큰 범위를 포괄하고 문화를 교육하는 문화예술교육 사업은 '교육'이 아닌 '사업'이 될 경우, 성과 중심의 평가가 이루어질 수밖에 없다.

고정관념에서 벗어나 자유로운 발상으로 예술에 대한 창의적인 탐구와 내면의 사유, 사색, 성찰이 이루어진다면 예술을 통해 오늘은 기적이고 선물이 될 것이다.

　나를 아껴주고 사랑해주는 가족들과 친구들, 지인분들께 진심으로 감사의 인사를 드린다. 그리고 얼마 전 무지개 다리를 건너간 코코와 새로 우리 집에 와 한 가족이 된 초코에게도 감사를 전한다.

목 차

1 장

나도 행복해질 수 있을까?

2 장

언제까지나 계속되는 불행은 없다

3장

운을 끌어당기는 '긍정의 힘'을 선택하라

4장

하루하루가 마지막 날인 것처럼 살아라

오늘은 기적이고 선물입니다

나도
행복해질 수
있을까?

01

나도 **행복**해질수 있을까?

인간은 자신의
행복의 창조자다.

– 헨리 데이비드 소로우 –

나는 가난이 주는 자유에 억압되어 불안정한 직장에 다니며 미술을 처음 접했다. 예술은 나만을 위해 가장 밝은 빛을 보여주었다. 세상에 단 하나뿐인 나만의 오브제로 즐거움을 주는 놀이터가 되었다. 프랑스 파리에 있는 외관이 특이한 퐁피두센터에서 팝아트의 거장 '앤디 워홀'의 작품 〈콜라병〉 원작을 만난 첫 순간을 잊을 수가 없다.

'예술은 누구의 마음에서도 생긴다'는 프랑스 속담처럼 인간에게 '예술'은 '삶'이고, '삶'은 곧 '예술'이 되었다. 그러나 위대한 예술가들도 자기 위로가 필요했듯이 인간은 누구나 선천적으로 위대한 예술가로 태어났다. 양손가락을 다 합친 만큼 많은 식구들은 개인의 사생활이 없는 존재여야만 했고 적극적인 아이보다는 순응하며 잘 따르는 아이를 원했다. 집안의 평화를 위해 가면을 쓴 평화주의자가 되었다. 억눌린 감정 앞에서 표현은 소통의 첫걸음이라는 것을 그림을 접하면서 알게 되었다.

직장에서도 축하를 받는 것보다는 축하를 해주는 감정노동자였다. 잘한다고 칭찬을 받았지만 그것이 내가 원하는 삶은 아니라는 생각들이 나를 힘들게 했다. 두더지 게임의 두더지처럼 예고 없이 올라오는 나의 감정은 망치로 맞아 마음이 아팠다. 상처받은 마음의 감정을 억누르고 살아가는 것이 싫어 많은 반항을 했지만 결국은 제자리였다. 나의 행동이 변하지 않는 한 더 이상의 에너지와 감정은 시간만 낭비할 뿐이었다. 평범하지 않음을 보여주기 위해 나의 마음과 세포들에게 희망의 씨앗이 되어 증거가 되는 그 어떤 것을 찾겠노라 나 스스로와 약속했다. 행복을 믿지 않은 나에게 시간만큼은 오로지 나만을 위한 선물임을 알았고 자기계발과 도서관에서의 책 읽는 시간은 최고의 행복이었다.

누군가의 손에 이끌려간 것이 아닌 나의 호기심에 찾아간 곳은 모든 감정들이 살아 숨쉬는 장소가 되어 나를 특별한 존재로 만들어주었다. 운 좋게 책 속에서 발견한 보물지도는 '나'라는 보물을 찾기 위해 먼 길을 나서지 않는다면 그것은 내가 아니라는 것을 알게 했다. '내가 무엇을 잘할 수 있을까?'라는 물음에 그에 맞는 책에서는 무엇이든 포기하지 않으면 다 이룰 수 있다고 말해주었지만 나에겐 희망고문이었다. 화실 문을 열고 들어가기까지 수개월이 걸린 나에게 '성공'보다는 '생존'이, 행복을 찾기보다는 현재의 불만을 탓하며 합리화하기 바빴다. 오래되어 기억은 잘 나지 않지만 기억을 더듬어보면 내가 이루고자 했던 일이 무산되고 온 마음으로 울다 지쳐 어김없이 자석처럼 이끌려 도서관을 향했다. 나의 마음을 위로해줄 미술 관련 서적에서 멕시코를 대표하는 화가 프리다 칼로의 작품 〈상처 입은 사슴〉을 보며 '더 쏠 거면 쏴라. 나는 상관하지 않는다.'라는 눈빛으로 자신에게 화살을 쏜 사냥꾼을 정면으로 바라보는 프리다 칼로의 눈빛은 나에게 커다란 위안이 되었다. 그렇게 난 무채색의 어느 날 큰 마음과 용기를 갖고 화실 문을 들어갈 수 있었다. 심호흡을 크게 여러 번 했지만 터질 것 같은 심장 박동 소리가 너무 불규칙적으로 빠르게 요동을 쳤고 정신 줄을 놓치지 않기 위해 애를 썼다.

크고 맑은 눈을 가진 50대 중년의 조용한 남자 선생님이 먼저 문을 열어주셨고 세세하게 상담을 해주셨다. 새로운 세상에 온 듯 천천히 둘러봐도 괜찮다는 배려를 받고 화실 안을 구석구석 구경을 했다. 나의 양쪽 어깨에 날개를 달아줄 곳이라고 생각하니 집을 보러 온 사람처럼 자세하게 볼 수밖에 없었다. 몇 달만 배우면 금방 잘 그린다는 말씀에도 돈 때문에 쉽게 등록은 하지 못하고 집으로 돌아왔다. 그림을 배우고 싶어서 첫 월급을 받자마자 난생 처음 태어나 화실에 등록을 했다. 어릴 때도 미술학원은 다녀본 적이 없었지만 학교 미술 수업 시간이 가장 좋았고, 셋째 언니가 그려놓은 스케치북을 다락방에 올라가 신기한 눈으로 자주 보곤 했다. 오래된 기억 저편에 있는 경험들인데도 그때의 기분 좋은 설렘은 아직도 어제 일같이 잊혀지지 않은 채 빛을 더해 좋은 추억이 되어만 간다. 그날은 등록만 했는데도 화가가 된 기분에 잠을 이룰 수가 없었고 화실을 가기 위해 월요일이 되기만을 손꼽아 기다렸다. 주말이 그리도 긴 시간이라는 것을 처음 알게 되었다. 소풍날에 비가 올까 봐 전날에 잠을 이루지 못한 것보다 더 기대되고 많이 설레었다. 출근하기 싫어 월요일이 빨리 올까 봐 주말이 지나가는 것이 너무 싫었는데 그때는 거북이가 억지로 기어가듯 주말이 너무나 길게만 느껴졌다.

불면증에 걸린 사람처럼 뜬눈으로 밤을 새고 월요일이 되었다. 다른 날보다 화실에 가고 싶은 마음에 일찍 출근을 했다. 신입이었기에 정신이 하나도 없었고 승강기 공사 견적 건으로 컴퓨터와 한참을 씨름을 하며 바쁘게 보냈다. 그림을 배워 전업하는 나의 실낱같은 희망이 벌써부터 들킨 것처럼 같이 일하는 상사분들에게 미안했다.

초상화를 배우는 화실에서의 첫날은 회사 면접 보는 것처럼 떨렸다. 시청 앞에 있는 2층 건물에 15평 정도 되는 건물 1층이었는데 가운데 벽을 만들어 그 중의 반은 초상화를 그리는 작업실로 사용했다. 선생님 책상은 만화가들이 쓰는 전문가용 책상이었으며 영정 사진을 전문으로 하는 작업실을 겸하며 수강생을 가르치셨다. 화실보다는 화가의 개인 작업실 같았고 작업하기 위해 쓰는 처음 보는 돋보기 확대경은 선생님의 책상을 한껏 세련되고 전문가답게 해주었다. 주문받은 사진들은 한 모퉁이에 여러 장이 붙어 있었고, 지역 신문에도 나온 선생님의 인터뷰 사진들이 두꺼운 책상 유리 밑에 여러 장 누워 있었다.

모든 것이 꽤 그럴듯해 보였고 예닐곱 명 수강생들이 기억자로 된 벽을 마주보는 긴 책상에서 자신만의 작품에 집중을 했다. 배우는 사람들은 공무원, 선생님, 유치원 원장님, 대학생, 중학생, 주부 등 다양한 직업을 가진 사람들이었다. 1층의 나머지 반은 캔버스 틀 교체 작업과 배접도 하면서 그림 액자로 표구를 하는 작업실 공간이었다.

"……. 안녕하세요?"
"어서와!"

생존의 문제로 전쟁터에서 싸우다 온 패잔병처럼 퇴근을 하여 어깨가 축 늘어져 있는 나를 화실 선생님은 반갑게 맞이해 주셨다. 여러 명의 수강생들이 수업을 하고 있었고 그림을 처음 하는 나의 눈높이에 맞춰 도형을 직접 그리시는 것을 선보이시며 한번 해보라고 하셨다. 나는 도형 하나를 그리는데 계속 지우기를 반복 또 반복, 수십 번을 반복하니 양말에 작은 구멍이 난 듯 종이에 구멍이 났고 그것을 선생님께 들킬까 봐 가렸다. 선생님은 나에게 다가와 웃으시며 괜찮다고 처음엔 다 그렇게 시작한다고 친절하게 말씀해주셨다. 잘 못 그려도 괜찮은 것임을 수많은 경험 끝에 알게 되었다.

　다른 사람들은 선생님의 작품을 그리거나 본인이 그리고 싶은 멋진 장면들을 그리는데 나만 홀로 도형 하나와 씨름을 하였다. 정확하게 관찰을 하고 표현을 아무리 잘해도 뒤돌아섰다가 다시 내가 그린 것을 보면 나의 그림이 아닌 듯 낯선 신기한 경험을 했다. 초보자라 선긋기는 재밌었지만 가로선, 세로선을 연습하는 시간이 몸 푸는 시간이 되기까지는 한참이 걸렸다. 나는 나쁜 습관을 좋은 습관으로 바꾸는 중이라고 생각하니 작심삼일이 되더라도 꾸준히 계속 이어나갈 수 있었다. 긴 연필심은 선긋기로 금방 닳아 연필을 하루에도 여러 번 깎았는데 묘한 쾌감과 몰입감에 시간 가는 줄 몰랐다. 하루에 연필을 세 번 정도 깎으면 두 시간의 수업시간이 지나왔음을 알게 되었다. 그림에 몰입해 시계를 볼 시간도 없는 나에게 시계 역할을 대신해주었다. 나도 고흐나 피카소, 렘브란트 등 유명한 화가가 되어 고생한 엄마를 위해 성공할 것이라고 다짐을 하며 도서관에서 그림으로 성공한 대가들의 책을 읽곤 했다. 우연히 듣게 된 방송에서 빈센트 반 고흐의 그림이 수백억 원, 레오나르도 다빈

치의 모나리자는 몇천억 원 한다고 했다. 그 말은 나에게 큰 자양분이 되었다. 힘이 들 때는 신이 인내심 테스트를 하는 것이라고 생각했고 반드시 나도 이겨낼 수 있다고 믿었다.

행복은 그리 길지 않았다. 그림이 이렇게 어려울 줄이야…. 나도 그럴싸한 그림을 그려보고 싶었지만, 화실 안에서는 내가 어떻게 할 수 없는, 눈에 보이지 않는 규칙들이 있었다. 시작한 지 얼마 안 된 나는 모든 것이 새롭고 낯설게 보였다. 그렇게 몇 달을 화실에 다니다 나의 길이 아닌 것 같아 또 몇 달을 그만두었다. 화실 다닐 돈은 나에게 큰돈이었다. 화실 비용을 아끼기 위해 기본기를 배우고 집에서 혼자 독학하려고 했지만 혼자 집중하는 시간은 그리 오래가지 않았다. 흥미도 금방 잃게 되어 게을러지기 일쑤였다.

그때 당시 친구와 함께 자주 화방에 놀러가서는 물감 값이 너무 비싸 구경만 하고 연필과 지우개만 사고 돌아오는 날도 많았지만 구경만으로도 내 마음이 즐겁고 행복했다. 초상화 화실에서는 실크 천에 검정색 유화 물감과 세필로 작업하는데 재료는 화실에서 모두 제공해주었다. 금전적 여유가 없는 나에게는 최상의 조건이었고 이 화실을 찾은 이유이기도 했다. 그림을 통해 몸과 마음의 기본기를 배울 수 있었다. 난 힘든 만큼 성장하고 발전하며 꿈을 이룰 수 있다는 희망을 갖고 있었다.

사랑하는 아버지가 돌아가시고 몇 해 지나 본 김창열 화백의 〈물방울〉이란 작품은 나를 사색과 명상의 공간으로 안내했다. 어떻게 보면 하찮다고 생각한 물방울을 반짝이는 보석처럼 표현할 수가 있는 것인지 참 신기했다. 우리 가족도 물방울 그림처럼 영원히 사라지지 않기를 바라는 마음이 그림에 감정이입이 되었다. 이 그림으로 방황하는 나를 화실 의자에 보이지 않는 끈으로 묶어둘 수 있었다. 어쩌다 보니 그림이 나의 일상이 되었고 의도한 것은 아니었지만 그렇다고 우연이라고 볼 수도 없다. 이것저것 생각하다 보니 반짝이는 별빛처럼 보석 같은 극사실주의인 김창열 화가의 물방울은 살아남은 가족처럼 영원하기를 바라는 마음이었다.

　빈센트 반 고흐와 유명 화가들의 작품이 고가의 가격으로 형성되었다는 것 그리고 돌아가신 아버지의 영정 사진을 내가 직접 그리고 싶다는 작은 목표들이 서로 모여 교집합이 되었다. 내가 그림을 처음 시작한 이유였다. 만약 그림을 하지 않았더라면 호기심만 많은 성공의 노예가 되어 살았을 것이다. 현실의 고통에서 벗어나기 위해 그림을 시작했고 그림은 나의 인생이자 내가 살아가는 존재의 이유가 되어 화폭 속에서 알 수 없는 감정들이 꿈틀대는 것을 느꼈다. 부정적인 생각들로 가득 찬 머릿속이 온통 그림으로 채워졌다. 물 속에서 수영을 할 때도 회사에서 일을 할 때도 그랬다. 그리고 날 마음 편하게 받아주는 곳은 화실뿐이었고 실수를 해도 받아주고 수습할 기회를 주는 것이 가능했다. 기댈 곳 없이 하루하루를 보내는 우물 안 개구리였다가 그림을 통해 나의 가치를 알게 되었다. 다른 사람들이 바라는 내가 아닌, 나의 삶을 스스로 사랑할 수 있는 '확신의 힘'이 생겼다. 세상과 소통하기 위한 행복의 열쇠가 나에게 있다는 것을 경험하였고 이룰 수 있는 꿈과 희망으로 긍정적인 감정의 주인이 될 수 있었다.

진정한 행복은 내 자신을 바로 세우고 타인에게 휘둘리지 않아야 한다. 그리고 자신의 꿈과 현실 사이에서 중심을 잘 잡아야 균형과 조화를 이룰 수 있다. 이 세상에서 가장 소중한 존재가 '나'라는 것을 알아야 한다. 불가능한 것을 가능한 사고로 바꿀 수 있는 무한한 잠재력은 항상 내 안에 내재되어 최대한 실현하고자 한다. 사람들은 하루하루 '목표'를 위해 끊임없이 달려가지만 더 중요한 것은 '목적'이다. 행복은 결과물이 아니고 과정에서 어려움을 극복하는 만족감에서 온다. 그리고 행복의 힌트는 삶을 있는 그대로 받아들이며, 그 안에서 아름답게 자신이 만족하는 사람이 되는 것이다.

에이브러햄 링컨의 명언처럼 "사람은 행복하기로 마음먹은 만큼 행복하다." 지금 이 순간 당신의 행복은 행복하기로 마음먹은 만큼 당신의 것이다.

나는 **진정** 무엇을 원하는가?

우리가 진정으로 소유하는 것은 시간뿐이다.
가진 것이 달리 아무 것도 없는 이에게도 시간은 있다.

– 발타사르 그라시안 –

　성인으로서 잘 살아야 하는데 모든 일이 다 꼬였었다. 학비를 벌며 대학을 힘들게 졸업했지만 사막에 홀로 남겨진 것처럼 부정적이고 비관적인 생각들을 만나게 되는 날이 많았다.

　구체적인 꿈 없이 대학을 졸업해 가고 싶은 곳이 없었다. 이력서에 한 줄이라도 스펙을 채우기 위해 자기 계발을 했다. 그리고 돈을 벌기 위해 취업을 해야 했다. 내가 원하는 것이 무엇인지 몰라 책을 많이 읽고 싶었다. 그래서 도서관 근처에 있는 일자리만 알아보았다. 그랬더니 나의 간절한 소망이 원하는 대로 이루어졌다. 도서관에도 같이 출근 도장을 찍었다. 일이 익숙해진 어느 날 화가 뭉크의 〈절규〉 작품처럼 내 귓가에도 자연의 비명이 들리는 것 같았다. 책상에 앉아 있는 나를 사무실이 집어 삼킬 듯했고 책 속으로 빠져들어 힘들게 했다.

하지만 식충이인 밥벌레보다 못할까 봐 직장을 그만둘 수는 없었다. 직장에서의 나와 내가 바라보는 세상속의 나, 두 개의 중간 지점에 소통의 창구가 화실이 되었다. 내 안의 또 다른 나는 소통으로 오해가 줄어들었고 마음이 서로 통해야만 진정한 소통임을 깨닫게 되었다.

우리가 진정 원하는 것은 무엇일까? 자신이 갖지 못한 것을 갖는 것이다. 하지만 원하는 것이 채워졌다고 해서 완벽한 만족은 없을 것이다. 인간의 속성은 한 가지를 얻으면 더 큰 것을 바란다. 가장 가치가 있는 것은 쉽게 얻은 것보다 고난과 역경 속에서 어렵게 가진 것에서 감사함을 느낄 수 있는 것이다.

어릴 때는 하고 싶은 것도 많지만, 어른이 되면서 꿈이 작아지거나 없어진다.

난 무엇을 원하는지 꼭 찾고 싶어서 하루하루를 매일 같은 일상의 습관들로 채워갔다. 진정 원하는 것은 큰 것이 아니라 작고 사소한 일상적인 것이었다. 나를 이해해주고 소통하는 것이 필요했던 것이다.

책을 좋아했던 나는 많이 읽고 싶어서 도서관에 살아보고 싶었다. 그렇게 선택한 사무실이 눈에 보이지 않는 새장과 같았고 나는 새장 속에 갇힌 새가 된 듯했다. 4년 동안 시련은 또 다른 나를 만나게 해주었다. 그렇게 내가 원하는 완벽한 것은 존재하지 않는다는 결정을 내렸다. '고인 물'이 아닌 '흐르는 물'이 되어 힘든 현재를 버틸 수 있었다. 책에서 본 미술 작품은 나의 쓸쓸한 마음을 위로해주었다. 난 미술 작품에 마음을 빼앗겼다. 그것은 거부할 수 없는 운명과 같았다. 목적 없이 삶을 살아가는 나에게 삶의 의미를 찾아주었다. 신이 주신 가장 소중한 선물이었다.

삶을 어떻게 살아야 하는지 새로운 눈으로 보는 것은 과거의 나보다 성장했다는 것이다.

그것은 과거의 자신과 현재의 자신이 대화를 통해 새로운 삶이 시작된 것이다. 가고자 하는 일이 보이지 않는다면 우선 주어진 일을 해보자. 중요한 것은 선물로 받은 기적 같은 오늘을 무언가 특별하게 희망을 간직하는 것이다. 오지 않을 내일을 생각하면서 불안감으로 오늘을 헛되게 보내지 말자.

내 감정의 주인이 되기 위해 그리고 내면의 평온함을 위해 그림을 배웠다. 그러나 그 길은 자기와의 싸움이며 고독하다. 만약, 진정 원하는 것을 찾지 못했다면 우리는 자기만의 달란트를 갖고 있기에 스스로의 재능을 찾고 능력을 발견하도록 노력해야 한다. 니콜라스 부리오가 쓴 『관계의 미학』 서문에서 오늘날 예술가들이 제기하는 문제들과 현대 예술의 실제적인 쟁점은 무엇이고 사회와 역사, 문화와 맺는 관계의 문제들을 찾아내야만 한다고 했다.

화실에서 그림을 배우면서 어떻게 나와 소통을 해야 하는지 화폭 안의 그림과 나의 관계를 어떤 마음으로 행동해야 하는지를 배웠다. 그림이 좋아서 시작을 했지만 스트레스를 많이 받았다. 그림을 다시 새롭게 공부하기 위해 떠나기로 마음을 먹었다. 꿈과 현실과의 거리가 멀어질수록 하루의 일상은 지루하다. 하지만 누구나 많은 시간과 애정을 갖는 자기만의 분야가 있다.

내가 진정 무엇을 원하는지 용기와 도전이 필요하다. 그리고 성공한 사람들은 자신이 원하는 목표가 확고해야 성장하고 가슴 뛰는 하루를 살 수 있다.

무게 중심을 잡고 나의 자리를 찾기까지는 아주 많은 시간이 걸렸다. 타인이 원하는 내가 아니라 내가 원하는 나를 찾기 위해 몸을 먼저 움직여야 한다. 뇌 과학 이야기에 나오는 '뇌는 게으르다'는 상식과 에디슨은

'위대한 사상은 근육에서 나온다'고 했다.

주말에는 서점과 옷가게, 음식점, 마트에서 다양한 아르바이트를 하며 나와 맞는 일, 나와 맞지 않은 일을 알 수가 있었다. 영화에 대한 책을 보고 영화감독을 꿈꾸며 영화 아카데미에 등록하여 단편영화도 찍었다. 라디오 주파수를 맞추듯 목표에 집중해야 한다. 당신이 발라드 음악을 듣고 싶다면 그 주파수에 맞춰야 원하는 것을 이룰 수 있다.

하지만 좋아하는 것을 아무리 해봐도 행복하지가 않았다. 다른 생각이 비집고 들어올 틈이 없이 집중과 몰입으로 사는 것이 좋다. 현실에서 실수를 하면 자책을 하지만 그림은 실수해도 지우개로 지우면 괜찮아졌다. 시간이 지나고 더 성장한 나로 발전하여 전보다 더 마음 편하게 행동할 수 있었다. 월드컵 4강 진출로 많은 사람들이 시청 앞에 모여 붉은 티셔츠를 입고 응원을 했다. 시청 근처의 내가 있던 화실 안 풍경은 그림을 배우는 열정 많은 사람들이 모여 그림을 그리고 있었다.

프랑스의 철학자인 질 들뢰즈는 "풀은 아래나 위가 아니라 중앙으로 자란다."고 했다. 예술가는 작동 중인 세계를 원하고 만남의 상태이다. 나의 느낌과 마음을 표현하는 그림을 하는 것은 언제나 작동 중인 세계의 기차를 타는 듯 일상이 되었다. 생존을 위한 삶의 체험 현장이 되어

라디오를 듣고 세상 밖을 향해 소통을 해주는 네모난 상자를 의지하며 보냈다. 오래전 가수 이문세의 라디오 프로인 〈두 시의 데이트〉에 사연을 직접 보내어 군 입대를 연천으로 간 동생에게 안부를 전해주고 싶었다. 그 사연이 뽑혀 백화점 구두상품권을 받아 엄마에게 좋은 구두를 선물하였다.

예술은 "모든 시대의 모든 사람들 사이의 게임이다"라고 말한 '뒤샹'처럼 직접 경험을 통해 나의 목소리가 라디오에 나와 너무 기뻐 머릿속이 하얘졌으며 내가 경험한 일상의 형태는 개연성과 반복된 정보를 만들어 주었다.

존 듀이는 자신의 철학과 삶의 결정체라고 할 수 있는 미학 저서인 『경험으로서의 예술』에서 삶과 예술을 동일시하고 있다. 예술 경험을 통해 자아를 발견하고 자아실현을 하게 되면 다양한 사회적 문제를 해결하기 위해 요구되는 타인 이해, 공감 능력, 소통 능력이 길러져서 "개인 삶의 질 향상"으로 우리 사회가 성숙하고 행복한 모습에 가까이 다가설 수 있다.

내가 만든 마음의 짐 때문에 생각으로 시작해서 생각만으로 끝나지 않아야 한다. 내 경험들은 무의미하지 않았고 적극적으로 내가 변해야 진짜 나를 발견할 수 있게 되었다. 가장 어두울 때 달빛이 가장 밝듯 시련 속에서도 가장 밝은 달빛의 기운을 받고 있다는 것을 알아야 한다.

마음의 평화와 출렁이는 파도와 같은 감정들을 잠재우기 위해 그림을 시작했다. 예술은 과학이 채우지 못하는 무궁무진한 상상력으로 가득 채워 나의 심장을 뛰게 해주는 감사함은 무엇을 원하는지 알아가는 과정이 되었다. 더 넓은 세상으로 나아가리라 다짐하며 불안한 잡념을 내려놓고 원하는 것에만 집중하며 내면의 에너지를 키울 것이다. 내면의 힘을 키워 나의 소중한 삶을 위해 멀고 긴 여행을 떠나 홀로 있는 나를 우뚝 설 수 있게 할 것이다.

절대로 잊지 말아야 할 것은 당신의 삶과 존재 자체가 기적이다. 오직 자신만이 삶의 유일한 창조자이다.

무엇이 당신을 **행복**하게 만드는가?

세상 모든 일은 여러분이
무엇을 생각하느냐에 따라 일어납니다.

- 오프라 윈프리 -

예술은 개인의 취향을 알아가기 위해 가장 좋은 무대이다. 자기만의 취향을 가지고 살아가는 것은 남과 다른 나를 더 이상 비교하지 않는 것이다. 자신만의 인생을 사는 데 큰 도움이 되어 예술의 취향은 삶의 태도가 되기도 한다.

행복은 마음먹기에 달렸다고 말하지만 그 마음먹기가 생각처럼 쉽지 않다. 하루하루를 힘들게 살고 있을 때 누군가는 좋은 혜택을 누리는 것들이 내 행복에서 더 멀어지게 한다. 나의 작품을 통해 사람들에게 감정을 일깨워주고 다양한 종류의 소통을 하고 싶었다. 함께 나누기 위해 의사소통을 눈과 말로 정의할 수 없는 새로운 색을 찾아야 했다. 모호하고 불가사의한 세계를 함께 나누기 위한 것이 최선이었고 스스로 찾은 공부가 진짜 공부가 되었다. 자신을 있는 그대로 인정하고 시야를 넓혀야 행복해진다.

많은 실패와 상처를 겪은 뒤 무의미한 나의 삶을 가치 있는 삶으로 더욱 아름답게 바라볼 수 있게 되었다.

사람은 같은 경험을 해도 각자 처한 상황에 맞게 해석한다. 실패를 하는 사람은 실패를 과장해서 해석하고 성공하는 사람은 성공을 과장해서 해석한다.

인간이라는 그 자체가 하나의 조형적 특성을 지니며 전체 구성을 형성하게 한다.

미국에서 유명한 현대 예술가 중 한 명인 제프 쿤스는 자기 홍보 능력으로 상업적으로 성공을 한 포스트모던 예술가이다. 욕망을 추구하는 인간의 마음을 보여주는 '키치'(천박, 미완성, 가짜, 속임수) 아트로 유명하다. 빈센트 반 고흐가 위대한 화가로 알려진 데에는 고흐 동생 테오의 부인인 요한나의 노력이 있었기에 『빈센트 반 고흐: 동생에게 보낸 편지』를 책으로 출간할 수 있었다. 그 책을 미국의 가수인 돈 매클레인이 읽고 노래를 만든 것은 널리 알려진 이야기이다. 감사함은 일상의 소소함이 예술이 되기를 바라며 바라보는 관점이 되었다. 다른 의미들을 하나씩 알아가는 나를 더욱 행복하게 해주었다.

가끔씩 소유가 행복의 목적인지 도구인지 구분이 안 되어 헷갈렸다. 행복이란 그것을 느끼고 허락하는 사람만이 잠재의식 속에 각인되어 반드시 이루어진다. 온전한 행복을 느끼기 어려운 복잡한 사회에서 살고 있기에 생각할 여유를 갖는 것이 중요하다. 복잡한 사회에 사람마다 행복의 기준은 다르다. 균형이 잡혀 있는 사람은 행복하게 살 것이다. 성공하는 길은 보이지 않으며 내가 알고 있는 지식 안에서 최선을 다해 목표와 목적을 달성하는 것이었다. 그것이 성공하고 행복한 나의 모습이라고 마음먹었다. 그림에 집중하고 몰입하여 세상에 있는 유명 화가의 모든 그림을 재해석하여 표현하는 사람이 되고자 긴 여정을 홀로 걷게 되었다. 자본주의 시대에 자본을 많이 가진 사람이 성공의 척도가 되기도 하지만 나는 내가 하고 싶은 것을 찾아 이루고 싶었다.

영화 〈터미네이터〉에 나오는 금속 로봇 악당에게 주인공이 총을 겨눴을 때 뻥 뚫린 두뇌와 뻥 뚫린 마음은 나의 마음을 대변하였다. 아픔을 누리지 못하는 금속 로봇보다 아픔을 느끼는 건 세상을 더 강하게 살라는 나를 위한 것이다. 또한 자기만족이 되는 삶이 가장 성공한 삶이다.

평범한 일상의 소중함은 디테일에 달려 있다. 경험의 중요함을 느끼며 잘하지 못해도 도전했다는 건 나름 의미가 있는 것이다. 오늘 하루는 선택의 연속이다. 반 독신주의자였던 나는 신랑과 연애 시절 성격이 맞지 않은 것 같아 헤어질 마음으로 궁합을 보게 되었는데 천생연분이라는 말에 결혼을 번개 불에 콩 구워 먹듯 후다닥 하게 되었다. 우리 부부는 둘이 합친 돈 1,200만 원에 대출을 받아 작은 원룸 신혼집을 구했다. 최소한의 물건만 두고 불편함을 감수하며 나름 '미니멀 라이프'(Minimal Life)를 자처했다.

그곳은 아파트 단지수가 많은 후문에 있는 원룸 빌라였는데 큰방을 여러 개로 쪼개어 가벽을 설치해 개조한 4층 연립주택이었고 우리집은 그 건물의 2층에 있었다. 옵션 가전제품은 여름만 되면 고장이 자주 났다. 에어컨에서 물이 뚝뚝 떨어져 불편했고 보일러 오작동으로 추운 겨울을 보내야 했다. 세탁기는 탈수할 때마다 세탁기 소리가 건물 전체에 퍼져 귀가 따갑게 시끄러웠다. 허리띠를 졸라매 돈을 모아 2년 후에는 넓은 곳으로 이사하는 계획을 세웠다. 우리의 신혼생활을 바라보는 주변사람들은 사서 고생한다며 안타까운 시선을 보냈다. 몸이 힘든 것보다 그 시선을 견뎌야 하는 것이 몇 배나 더 힘들었다. 다행히 그림을 다시 시작한 이후였다. 작품 작업으로 복잡한 생각이 사라지고 마음이 평온했다.

그러나 생각처럼 돈이 쉽게 모이는 것이 아니었다. 원룸의 작은 베란다 창가에 비친 달님에게 우리도 아파트에 살게 해달라고 습관처럼 빌게 되었다. 둘이서 쉬는 주말도 없이 대출 받은 전세금 원금을 2년 만에 다 갚았다. 주변에 아파트 전세 시세를 알아보았더니 전세금이 두 배나 뛰어 꼼짝할 수 없게 되었다. 돈 없는 서러움은 우리 부부의 갈등 요소가 되었다. 어느 날 나는 멈추지 않는 눈물로 범벅을 한 채, 일하고 있는 신랑에게 전화를 했다. 주인집에서 전세금 천만 원 올려주지 못하면 나가야 된다고 말했다. 우리에겐 너무나 큰돈이었다. 이젠 내가 돈에 맞춰 들어간 원룸 집에서 쫓겨나야 했다. 6평 원룸 집을 우습게 봐서 벌을 받은 것 같았다. 전세금을 올려주지 못하면 길거리에 나앉을 수도 있는 상황이 되니 왈칵! 쏟아지는 눈물이 멈추지가 않아 계속 울고 있는 나에게 신랑은 돈 없는 자기 만나 고생만 시켜서 미안하다며 울지 말라고 했다. 우리는 적금통장을 해약하고 신랑 퇴직금을 미리 중간 정산을 하여 간신히 돈을 마련해 전세를 다시 연장할 수 있었다.

그 일 이후로 작은 원룸도 나에겐 너무도 소중했다. 돈이란 삶에 있어서 평온함과 사랑을 지킬 수 있는 힘이고 권력이다. 꼭 없어서는 안 되는 공기와도 같은 것이었다. 현재 자신이 가진 것이 없다고 무시하면 안 된다. 가장 보잘것없다고 생각한 것이 가장 소중하고 귀한 것이다. 세상에서 가장 행복한 사람은 자기가 가진 것에 만족하며 감사함을 잊지 않고 살아간다. 신랑과 돈을 모아 첫 집을 장만하는 데 6년이 걸렸다. 근처에 사는 언니는 돈을 모아 집을 사라며 자주 얘기해주었고, 다른 언니들도 돈을 모아 집부터 사라는 조언을 아끼지 않았다.

독일의 실존주의 철학자인 마르틴 하이데거의 『존재와 시간』에서 '불안'은 부정적인 정서로 언급되지 않고 그 동안 집착하던 가치들이 일순간 덧없이 느껴지면서 찾아오게 된다. 이 때문에 불안은 '진정한 삶'에 대해 고민을 하는 계기로 이어질 수 있다고 했다.

나의 정체성을 잃지 않게 마음의 불안감을 잠재우게 해주었다. 불안한 일상을 따사로운 햇살 같은 희망의 빛으로 드러내기보다는 깊게 생각하는 사람으로 살게 해주었다. '싫다 또는 좋다'가 아닌 나의 존재를 인간으로서 살아 있음으로 의미를 갖게 해주었다.

상상(想像)이라는 말의 유래를 아는가? 옛날 중국 사람들은 살아 있는 코끼리를 보고 싶어 했다고 한다. 당시 중국에는 코끼리가 살고 있지 않아 사람들이 남쪽 지방에 다니러 갔다 오면서 가져온 코끼리의 뼈를 보고 살아 있는 코끼리를 마음속에 그려보았다는 데서 시작되었다.

상상력이란 실제 경험하지 않은 현상이나 사물에 대한 것을 '마음속으로 그려보는 힘'으로 대상에 대해 판단을 중지해야만 '모르는 마음'에서 대상을 바라보는 순간에 우리는 무언가를 창조할 수 있다.

소소한 일상을 살아가면서 느끼는 기분 좋은 감정들이 행복감이다. 잠시라도 행복한 상상을 하고 현재 상황이 어떻든 자신에게 만족하는 사람은 행복한 것이다.

자아 이미지인 나의 정신세계와 우주를 표현하는 경험과 상상은 나를 이끌어주었다. 자연에 근거한 시적 정감과 회화를 추구하여 속박에서 벗어나 자유롭게 비상을 꿈꾼다. 모든 감정의 매개체 역할을 해주었다. 다양한 흔적과 스쳐가는 순간을 표현하고 우리 눈에 보이는 것보다 더 많이 생각하고 상상하게 되는 행복감은 그 무엇과도 바꿀 수 없는 것들이었다.

우리는 왜 **우울한 여행**을 하고 있는가?

배워야만 행동할 수 있는 게 아니라
행동하면서 배운다.

- 아리스토텔레스 -

한국의 단색화는 프랑스의 앵포르멜의 영향을 받은 한국적 추상미술을 의미한다. 박서보 화백은 1960년대 전후 한국의 현실을 단색화라는 한국적 추상미술로 만들고 이끌어왔다.

앵포르멜이라는 뜻은 1950년대 프랑스를 중심으로 일어난 서정적 추상주의로 정해진 형상을 부정한다. 그리고 일그러진 형상으로 질감의 효과를 개인의 주관적인 느낌으로 표현하는 방법이다. 미국의 추상주의 화가인 사이 톰블리의 그림은 구체적인 이미지 없이 선이나 기호, 글자로 채워졌다. 자유로워 보이는 어린 아이들의 낙서 같이 전달하는 것과 같음을 알 수 있다.

이강소 작가의 첫 번째 작품은 서른 살 개인전 전시 때 발표한 〈소멸〉이었다. 70년대 아방가르드 시절, 빈곤과 혼돈 시대의 실험적인 미술작업을 했다. 갤러리에서 무엇을 할지 몰라 좋아하는 '선술집'을 차려 멍석을 깔고 관람객이 즐기는 작품을 완성하였다. 나는 피카소의 〈우는 여인〉이라는 그림이 강렬하게 다가왔고, 작업을 할 때 모차르트의 음악을 많이 들었다고 하는 호안 미로의 그림은 다양한 상상 속으로 빠져들기 충분했다. 나도 나다움을 찾고 싶었지만, 길이 보이지 않아 책으로 대리 만족을 해야 했다.

인간에게 인생이라는 시간은 정해진 시간만큼의 여행자이다. 그 시간 속에서 배우고 깨우치며 후회 없는 삶을 살고 싶어 한다. 삶이 영원한 것처럼 자기에게 지나치게 너무 많은 것을 바라기도 한다. 때로는 기대에 못 미쳐 자기비하를 서슴없이 하며 타인 때문에 힘든 것이 아니라 내가 나를 괴롭혀서 힘든 것임을 알아가게 된다. 우리는 시간 절약, 돈 절약은 하지만 마음이라는 감정 에너지도 남을 위해 낭비하지 말고 자신만을 위해 써야 할 것이다.

이처럼 시간과 존재는 뫼비우스 띠처럼 끝없이 반복하는 자연 질서이다. 세상은 착각과 선입견을 갖고 왜곡하며 세상을 바라보게 되지만 세상은 보이지 않는 존재들도 있다. 『어린왕자』를 쓴 생텍쥐페리는 "올바로 볼 수 있는 것은 오직 마음뿐이다. 극히 소중한 것은 눈으로 보이지 않는다."고 했다. 나 또한 화실에서 열과 성을 다했던 것은 눈으로 보이지 않는 중요한 나의 마음을 스스로 지키기 위해서였다.

코로나19가 발생하여 모든 일상이 무너졌다. 그리고 지진, 테러, 홍수, 폭염 등으로 생명을 위협하는 대규모 위기 앞에서 인간은 무기력할 수밖에 없다. 우리는 우울한 삶이라는 여행자임을 인식하고 살아가야 한다. 포스트 코로나 시대를 맞아 전보다는 더 불안감을 느끼지만 대신에 당연했던 일상의 소중함을 느끼며 살아간다. 한 연구에 의하면 인간이 갖는 모든 감정들 중에 가장 많이 느끼는 것이 우울한 감정이라고 하였다.

영화 〈인사이드 아웃〉은 감정표현을 다룬 애니메이션이다. 영화 속에서도 슬픔은 부정적인 감정 같지만 없어서는 안 될 중요하고 필수적인 감정이다. 누구나가 좋은 감정들만을 받아들이려 하고 슬프고 우울한 감정은 받아들이지 않으려고 한다. 슬픔과 우울의 감정을 자기 목표 실현의 에너지로 활용하여 성장할 수도 있다. 상대를 공감할 수 있는 소통능력이 중요하다. 감정을 공감해주지 않으면 관계가 어긋나고 갈등이 생긴다. 하지만 마음을 조금만 알아줘도 마음에 평화가 오며 반대로 작은 것에 감정이 상하면 참을 수 없이 화가 난다. 그래서 공감하는 것은 정말 중요하다. 사람은 자신의 마음을 이해해주는 사람이 없으면 불안해한다.

나의 소중함을 인정하면 마음 안에 있는 다양한 감정들은 개성이 점차 약해진다.

감정 문제는 표현해야 해결할 수 있지만 참고 견디며 언젠가는 나아지겠지 하고 생각한다. 하지만 표현하지 않는 것이 상황을 더욱 악화시킨다. 나는 화실에서 그림을 그리는 동안 그곳에 감정이 사로잡혀 있기 때문에, 과한 감정소모를 줄이고 감정을 건강하게 다루며 표현할 수 있었다.

공감이란 느끼고 아는 만큼 해줄 수가 있는 것이다. 화가 나 있고 기분이 왜 안 좋은지, 어떤지를 자세히 물어봐주어야 하지만 감정에 대해서는 중요하게 생각하지 않는다. 미리 앞서서 판단하여 나에게 설명과 충고를 해주려고만 하니 화가 더 커져 마음의 문을 닫게 된다.

감정에도 사람의 이름처럼 다양하게 이름이 있다. 슬픔, 분노, 기쁨, 외로움 등은 살면서 일상에서 느끼는 감정들이며 출렁이는 파도처럼 모든 감정을 느끼는 건 자연스러운 것이다.

타인이 내 감정을 책임져야 한다면 나의 감정 주인은 타인의 것이 된다. 나의 감정을 공감 받지 못해도 나는 있는 그대로 변함없이 가치 있고 소중한 존재이다.

코로나19 장기화로 많은 사람들이 우울증과 불안 장애를 겪고 있다. 불안하고 우울한 감정은 억누르는 것이 아니다. 진짜 감정을 회피하여 인간관계는 괜찮아졌을지 몰라도 근본적인 원인인 억압된 감정은 해결이 되지 않았다. 나의 감정을 알아차리며 받아들여야 한다.

인생에 변화가 필요하다는 신호로 받아들이고 자신이 인지하는 것이 필요하다. 열심히 했는데도 효과가 없을 때는 새로움이 필요할 때이다. 마음속에서 일어나는 감정은 타인의 것이 아니다. 내 감정의 주인이 되어 주체가 되는 삶이 되어야 한다. 나에게 상처를 준 사람들의 표현하는 방법이 '틀림'이 아닌 '다름'을 이해해야 한다.

공감하는 사람은 미래를 준비하고 현재를 행복하게 산다. 우리는 감정을 표현할 자유가 있기에 분노를 계속 품고 있지 않도록 하고 과거의 상처로부터 머물러 있지 말아야 한다. 본인의 성장을 분노로 막고 있지 않기 위해 타인이 아닌 나를 위한 삶을 중요시해야 한다.

공감이 부족한 세상에서 나와의 대화로부터 타인과의 공감은 시작된다. 타인의 아픔에 공감하지 못하는 것은 내 안의 상처에서 벗어나지 못해서이다. 용기를 내어 극복하기 위해 노력을 한다면 서로가 힘든 시간을 오래 겪지 않을 것이다.

다양한 형태의 자유를 위해 외부와의 연결을 차단하고 나의 내면과 만나는 시간을 가져야 한다. 이럴 때 마음은 어떠한지 스스로에게 질문한다. 있는 그대로의 감정을 받아들이고 더 나아가기 위해 행동하고 실천한다. 상처받은 마음을 용기를 내어 정면으로 마주하고 소중한 나의 삶을 위해 나아가고자 노력해야 한다.

현대 과학기술의 발전은 인간의 수명을 늘리고 노동을 줄여 생활을 편리하게 하였지만 인간을 더 행복하게 하지는 못했다. 사람들이 할 일을 로봇이 대체하고, 인간 사이에서의 감정 활동은 점차 줄어들고 있다. 과학은 인간에 속한 것이지만 자연은 인간에 속한 것이 아니다.

자연 속에서 인간의 문명과 자신의 삶을 통찰하고자 했던 헨리 데이비드 소로의 『월든』은 자신이 생활하면서 겪은 삶에 대한 철학을 담아낸 책이다. 물질적인 풍요 뒤에 가려진 인간의 모습과 '참다운 삶'에 대해 끊임없이 알아가고자 했다. 우리는 자연에게 배울 수 있는 존재이며, 인간은 자연과 일부가 될 때 자연으로 돌아간다. 다만, 그것이 언제일지는 아무도 모른다.

우리는 반복된 일상으로 살아간다. 프랑스의 철학자 질 들뢰즈는 "반복이란 결코 같은 것의 되풀이가 아니며 차이를 만든다"고 했다. 이 순간의 이미지를 인식할 때 단순하게 이미지만 받아들이는 것이 아니다. 과거의 이미지를 투영하여 받아들이며 현재의 이미지에는 과거가 포함되어 있는 것이다. 따라서 반복이 없다면 정지한 것이므로 존재하지 않는 것이다.

그리고 매일 선택을 하며 살아간다. 선택을 한 것도 선택을 하지 않은 것도 선택이다. 그 선택의 결과는 나의 몫이다.

모처럼 월급을 받아 큰맘을 먹고 가는 백화점에서도 옷이나 가방을 살 때 선택권이 많으면 고민이 많고 스트레스를 받는 것을 알 수 있다. 선택을 하여 산 물건도 사용하다 보면 단점이 생기기 마련인데, 만약 다른 것을 샀다면 어땠을까 생각하게 된다.

그때 그 색깔을 골랐다면? 그때 그 디자인을 샀다면? 하고, 다른 질문들도 한다,

회사를 옮기지 않고 다니고 있었다면? 만약 주식에 투자했다면 어땠을까? 하고….

우리가 고민을 한다는 것은 고민하는 것들이 비슷해서이다. 어떤 것을 선택해도 괜찮다.

다만 그것을 후회하지 않기 위해서는 오늘은 어제보다 더 성장하는 좋은 선택이 되어야 한다.

인간은 행복을 추구하고 고통을 줄이는 방향으로 행동하는 존재이다. 작은 변화가 큰 변화로 이어진다. 미래를 걱정하며 현재를 낭비하지 말고 오늘, 이 순간의 삶에 집중해야 한다. 지나간 과거를 후회하지 말고 다가올 미래를 위해 지금 당장 변화를 꿈꾸며 행동하자.

05

완벽하지 않아도 괜찮다

어리석은 사람은 멀리서 행복을 찾고,
현명한 사람은 자신의 발치에서 행복을 키워간다.

― 제임스 오펜하임 ―

영국의 팝아트 거장인 데이비드 호크니는 "벽에 걸린 그림은 영화와는 다르다. 그림은 움직이지도, 말을 하지도 않지만 더 긴 생명을 가지고 있다. 그림은 더 오래 지속될 것이다."고 했다.

그는 새로운 방법으로 끊임없이 그림을 그리며 탐구하는 예술가이다. 색감과 자유로운 드로잉, 사실적인 묘사와 폴라로이드 카메라, 아이패드 등으로 시대의 변화가 만들어낸 기계들을 모두 수용하여 공간과 매체에 구애 받지 않으며 작업을 한다. 그는 그림을 그리기 위해 수많은 사진을 찍었다. 사진으로는 담지 못하는 것에 대한 연구와 시간의 흐름을 담았다. 감상이 아니라 생각을 해야 하는 현대 미술 작품을 표현했다.

이미지만을 보는 것과는 달리 작가에 대해 먼저 배우고 왜 그렇게 했는지 유추해본다. 그러면 새로운 시각으로 작품을 감상할 수 있게 된다. 작품 속에서 보이는 미술적 요소를 발견하여 작가의 생각을 읽어보기도 한다. 사람은 예술을 즐기며 저마다 각자가 다른 기질과 스타일로 인간관계를 형성해가고 있다. 우리가 어디에서 무엇을 하든 탁월한 비전을 표현하기 위해 노력해야 한다.

나는 화실에서 그림을 배우며 내가 할 수 있는 최선의 노력을 했다. 그리고 부족한 이론은 도서관에서 책을 읽으며 채웠다. 나만의 정체성으로 나만의 세계를 구축한 그림에 접근하여 표현하기가 어려웠다. 내가 하는 것은 기능적인 기계 같은 수고로운 솜씨로 묘사하는 것이 아니었다. 자기만의 관점만이 미술 작품에 영속성을 부여하여 완벽하지 않음은 '또 다른 가능성'일 것이다. 실수나 실패를 용납하지 못하고 성과에 대한 기대감과 목표를 높게 한다.

자신을 압박하기도 하는 '의식'과 '무의식'의 경계 탐구를 선호했다. 디지털 정보화시대가 활발해지면서 다른 사람들의 완벽한 모습을 보며 끊임없이 자신과 비교를 하였다. 그리고 스스로를 비하하며 자존감이 낮아지게 된다. 현대사회는 사람들을 경쟁을 통한 완벽주의자로 몰아가고 있다.

완벽에는 끝이 없다. 높은 목표를 향해 앞만 보며 달리다 보면 무기력해져 '빈 아웃'이 되기도 한다. 병원에서 의료 행위를 하는 의사들을 포함해 완벽함이 필요하기도 하지만 문제는 완벽하지 않아도 되는 일을 완벽하게 하려고 애쓰기 때문이다. 나는 행복하기 위해 성공을 꿈꿨지만 더 많은 사랑과 인정을 받고 싶었다. 나에 대한 기대치가 높아 다른 사람들에게 증명하고자 이상을 높게 잡고 목표를 이루었다. 계획대로 일이 잘 되지 않아 현실에 부딪히면 크게 좌절하기를 반복했다. 다른 사람의 기대에 맞추지 말고 나의 관점으로 살아야한다. 대학원을 다닐 때였다. 과제물을 발표하는 사람들의 모습이 너무나 멋있어 보였고 논문 학회에 가면 긴장하지 않고 발표 잘하는 사람이 부러웠다. 나는 발표를 해야 할 때마다 긴장을 해서 망치곤 했다. 발표 불안은 경험이 없어서라고 한동안 생각했지만 깊은 내면에서는 실수하지 않고 완벽하게 하려는 완벽주의에 빠져 있다는 것을 알게 되었다.

어떠한 일이든지 완벽하게 잘하려다 보면, 완벽하지 못한 나를 자책하며 점점 더 자존감이 낮아지는 악순환이 된다. 가장 먼저 발표를 못하는 내 자신을 받아들이는 것부터가 잘하고자 하는 첫 시작이다.

자신을 사랑하는 것도 마찬가지일 것이다. 상처를 인지하고 있는 그대로의 자신을 사랑해야 한다. 직장생활을 하면서 취미생활로 초상화를 배

웠다. 인간의 모습을 주제로 사실적인 표현 방법인 초상기법이다. 화폭
에 외형적인 모습만 닮게 그리는 것이 아니라 정신적인 면을 담아야 결
코, 가벼워 보이지 않으며 깊이가 있다.

초상화는 인물의 외형과 내면을 동시에 담아내기에 더 정밀하고 완벽
하게 표현하고 싶었다. 그림을 가르쳐주시는 선생님은 잘했다고 칭찬해
주시는데도 더 완벽하게 잘하기 위해 스스로를 괴롭혔다. 흉내만 낸듯한
'이발소 그림'이 마음에 들지 않을 때 완벽해야만 한다는 강박관념에 사
로잡혔다. 타인으로부터 인정을 받고자 하는 자기 학대이다. 완벽해지려
할수록 불행이 커졌다. 완벽함을 버릴수록 삶의 여유가 생기고 행복해졌
다.

미술을 교육하면서 엄마가 원하는 대로 그림을 그리는 아이를 보았다.
그 아이는 자신이 생각하고 느끼는 자유로운 그림을 좋아했지만 엄마의
눈치를 보았다. 그러면서 엄마에게 칭찬을 받기 위한 그림을 그렸다. 우
리는 어려서부터 경쟁을 하고 등수를 매기는 것에 익숙한 환경에 노출되
어 있다.

경쟁에 뒤쳐지면 낮은 자존감으로 자라게 된다. 자존감이 낮으면 친구
들과 비교하고 최선을 다하기보다는 최고만을 바란다. 기능적으로 생각

만 하는 것보다는 감정을 소통하고 불통을 해결하는 것이다. 상대보다 더 잘하기 위해 등수에만 신경 쓰는 모습이다. 유대인의 엄마들은 결과보다는 동기 부여를 중요시하고 과정을 가르친다.

부모라면 누구나 자녀의 성공을 원하지만 아이의 미래를 위해서라도 정서적으로 독립되게 키우도록 노력해야 한다. 나는 미술 작품을 직접 내 눈으로 보고 싶어 유럽 배낭여행을 떠났다.

유럽의 9개국을 돌며 미술관과 박물관을 다녔다. 영국 런던의 대영박물관, 프랑스 파리의 루브르 미술관, 파리의 피카소 미술관, 고흐 미술관, 오르세 미술관, 퐁피두센터, 이탈리아 피렌체의 우피치 미술관과 바티칸 미술관, 독일의 피나코텍 미술관 등을 관람하며 책에서 나오는 작품을 실물로 보는 기쁨은 말로 다 할 수가 없다.

예술은 자신의 생각을 자유롭게 표현하고 즐기는 것이 먼저이다.

나는 내가 정한 목표를 이루고 싶었다. 그래서 그 과정을 순수하게 즐기지 못하고 결과에만 신경을 썼다. 진정으로 행복한 사람은 결과에 기쁨을 느끼는 사람들보다 과정에서 기쁨을 즐긴다. 성과에만 과하게 초점을 두지 말고, 나의 성장과 즐거움을 위한 것이어야 한다.

박휘락 교수는 『미술 감상과 미술비평 교육』이라는 저서에서 바람직한 미술교육은 미적으로 '제작하고, 보고 느끼며, 말하고 이해한다.'는 일련의 활동들이 긴밀한 상호관계 속에서 통일적으로, 또한 통합적으로 이루어지는 것이라고 했다.

다른 사람과 비교하는 것은 스트레스도 받지만 성장하는 데 도움이 되기도 한다. 하지만 인간은 만족에 끝이 없다. 세상에 완벽함은 존재하지 않는다는 것을 받아들이자. 모든 사람을 다 만족시키려 하지 말고 자신을 있는 그대로 인정해야 한다.

우리는 완벽한 기계의 품 안에서 살며 인간에게도 완벽함을 요구 받으며 살아가고 있다. 완벽주의의 함정에서 빠져나와야만 진정한 행복을 찾을 수 있다. 다른 사람들과 비교하며 완벽하기를 꿈꾸는 것을 이젠 멈추어야 한다. 자기 삶의 주인으로 아무런 압박도 주지 않도록 완벽주의와 이별을 하고 흐르는 물처럼 유연하게 살아가야 한다. 시간은 나를 위해 채워가야 한다. 그 누구도 완벽하지 않으며 완벽을 버려야 한다.

가끔 돈은 나를 부지런하게도 만들지만 부족한 나를 채워주기도 한다. 돈으로 소비를 하는 것이 아니라 돈으로 행복을 사는 것이다. 우리는 소비를 통해 세상과 소통을 하고 그 속에서 나를 발견하게 된다.

인간은 지루하고 행복하다고 느껴지지 않을 때 이젠 무엇을 소비해야 하는지 고민하는 것이 일상이 되었다.

새로운 그림을 그렸다고 해도 전에 갖고 있던 틀에서 자유롭지 못한 것은 새로운 관점을 제시해주지 못해서다. 예술은 더 이상 텅 비어 있는 하얀 캔버스 위에 물감으로 그림을 그리는 것이 다가 아니다. 나의 감정과 생각을 그림으로 말한다는 것은 참으로 멋진 일이다. 행복은 먼 곳에 있는 것이 아니라 가까운 일상 속에서 느끼는 감정들이다.

나는 완벽해지고 싶었지만 완벽함이 아니라 부족한 부분을 채워갈 수 있었다. 예술은 무엇이든 될 수 있고 우리는 누구나 예술가가 될 수 있다. 수업시간에 그리는 낙서들도 모두 예술이 된다. 예술은 심리적 변화를 일으키는 모든 시도들이다. 우선 '나는 완벽할 수 없다'고 스스로를 인정해주면 모든 것은 괜찮아진다.

06

아무리 **노력**해도 행복해지지 않을 때

목적 없는 삶은
빈껍데기일 뿐이다.

– M 크리스텐슨 –

요즘은 코로나 바이러스로 매일매일 삶속에서 감정을 잘 조절해야 하는 것이 일상이 되었다. 행복하기 위해서는 당신보다 성공한 사람과 비교를 멈추어야 한다. 행복은 성공한 사람만이 느낄 수 있는 것이 아니다. 사회에서의 성공은 치열한 경쟁 속에서 얼마나 내가 남보다 이기고 더 많이 가졌는지에서 판가름된다. 하지만 진정한 성공은 자신 스스로를 믿고 성장하고 사랑하는 것이다. 소유물에서 오는 것이 아니라 우리 자신이 이 세상에서 가치가 있으며 목적 있는 삶을 추구했을 때 오는 것이다.

좋은 집을 사고, 좋은 차를 타고, 하고 싶은 일을 해도 여전히 행복하지 않다. 그것은 성공의 조건이었지 행복의 조건은 아니었다. 남들에게

만 잘 보이려고 하는 나는 행복할 수 없다. 지금 '존재'하고 있는 그대로의 자신이어야만 행복할 수 있다. 그런데 나와 대면하며 살기에는 세상은 너무 빠르게 움직이고 있다. 다른 사람들과는 친하게 지내기 위해 노력하면서 자신과는 친하게 지내기 위한 시간조차 마련하지 않는다.

진정으로 나의 행복을 위해 잠깐 멈춰 서서 주변을 바라볼 시간을 가져야 한다. 그래서 자신의 가치와 삶의 의미를 찾아야 한다.

우리의 삶은 경험과 시행착오를 거치며 자신만의 인생이라는 삶을 작품으로 만들어간다. 생각이 많거나 마음이 복잡할 때는 1000피스의 퍼즐이 되었다가 생각과 마음이 단순해질 때는 손가락 안에 드는 피스와도 같다. 남과 비교하지 말고 자신만의 삶을 위해 중요한 것만 남기고 단순해져야 한다. 우리는 자신의 어두운 모습도 사랑할 수 있는가가 중요하다. 하지만 콤플렉스를 가리기 위해 더 단단한 가면을 쓰게 된다. 진짜 나의 모습이 아닌 그럴 듯한 모습으로 살아간다. 좋아하는 취미생활이나 그림과, 영화, 책, 여행으로 만족을 얻을 수 있다.

그리고 캔버스 앞에서 내면의 소리를 듣기 위해 집중을 한다. 나의 마음에 몰입한 시간들은 모든 감각이 살아 있음을 느끼는 축제와 같은 느낌들이다. 있는 그대로의 나를 받아들이며 비교하지 않는다. 오직 나에게 집중해야만 세상에서 가장 소중한 나를 발견할 수 있다. 부족한 삶도 넘치는 삶도 없는 주어진 삶일 뿐이다. 인간관계와 사회생활에서 지친 우리는 자연의 일부이다. 잠시 있는 그대로 자신의 일상을 받아들여 단순한 삶을 살아야 한다.

행복에 영향을 주는 요인은 경제적인 갈등, 인간관계, 건강, 주거 조건 등이 있다. 사회적 관계인 인간관계가 행복에 가장 큰 영향을 끼친다. 우리의 삶을 살아가면서 다양한 인간관계를 맺고 살아가지만 모든 선택은 양날의 검과 같다.

인간은 사람을 포함한 주변 환경에 많은 영향을 받는 존재이다. 어른이 되어 많은 책을 읽은 후에 나의 행복과 불행은 내가 마음먹기에 따라 바뀐다는 것도 알게 되었다. 그 후로 닫힌 마음의 문을 열어준 건 다양한 종류의 책이었으며 책 속에 깊게 빠지면서 나의 소중한 가치를 깨닫게 되었다. 우리는 인간에 대해서는 배우지만 인간관계에 대해서는 직접 경험하면서 배워야 한다. 나는 고양이 한 마리를 분양받아 8년을 키우고 하늘나라로 떠나보내야 했다. 가족과 같은 반려동물을 죽음으로 보내면서 괴로워했다. 나와 마주하면서 더 잘해주지 못한 일들만 떠올리며 후회했다. 삶은 영원한 것이 아님을 알지만 죽음으로 보낸 이별은 쉽게 받아들여지지가 않았다. 아름다운 추억이 될 수 있도록 감정의 변화를 느끼기까지는 상당히 많은 시간이 필요할 것이다. 같이 지낸 고양이가 떠났을 때 내 눈에는 폭풍 같은 눈물이 앞을 가렸다. 어린 시절 8남매를 두고 아버지가 병으로 세상을 떠났을 때 우리 가족은 많이 슬프고 힘들었다. 어린 자녀들을 남겨두고 떠나야만 했던 아버지도 얼마나 힘이 들었을지 내가 나이를 먹고 나서야 이해하게 되었다. 내일을 위해 오늘을 희생하며 '이 순간'을 즐기지 못한 아쉬움과 미안함이 컸다. 누구나 언젠가는 죽는다. 삶의 끝에서 인생을 바라보고 소중한 오늘을 살아야 한다.

　인간은 신체적, 정서적, 지적, 영적인 욕구를 가지고 있으며 몸과 마음 그리고 머리가 다 연결되어 있다. 이 중에서 어느 하나 더 중요하고 덜 중요한 것이 없기에 효율적인 삶에서 효과적인 삶으로 살아야 한다. 그것조차 뛰어넘는 위대한 삶을 위해 '전인적 인간'이라는 새로운 경지에 들어선다. 스티븐 코비의 『성공하는 사람들의 8번째 습관』에서는 "전인적 인간 패러다임"이라고 했다. 사람과 사람은 대화로 인해 평화가 시작된다. 시대가 변하고 기술이 발전할수록 모든 문제의 답을 알고는 있지만 가장 소통하기 어려운 것이 사람이다. 그리고 모든 순간은 영원하지 않다는 걸 받아들여야 한다. 각자 주어진 시간이 있고 죽음은 삶의 끝이 아닌 일부로 받아들여야 함을 알게 된다. 만남과 이별이 내 맘대로 되지 않는다. 소포클레스의 "오늘 내가 헛되게 보낸 하루는, 어제 죽은 이가 그토록 갈망하던 내일이다."라는 말처럼 주어진 삶을 소중하고 가치 있게 보내고 순간에 최선을 다해야 후회할 일이 적어질 것이다. 모두 행복한 삶을 살고 싶어 하지만 행복이 정확히 무엇인지는 잘 모른다. 단지 나쁜 일이 일어나지 않기만을 바라며 평온한 일상이 유지되기를 바란다. 그 일상 자체가 행복이며 행복은 지금 이 순간에 존재하는 것이다.

젊은 시절에는 감정이 눈에 보이는 것에 현혹된다. 아름다운 음악 소리에 눈물을 흘리고, 진정성 있는 말과 글에 깊은 감동을 받기도 한다. 나이가 들면서 소중했던 신념과 감정들은 삶에서 만난 위기들로 무너진다. 옳다고 생각했던 것들을 포기하지 않고 끝까지 지켜 내는것이 어쩌면 쉬운 일이 아닌 어려운 일이 된다.

우리는 행복해지기 위해 살지만 행복은 찰나이며 순간이다. 행복은 큰 것이 아니라 소소하기에 더 가치가 있다. 진정한 행복은 타인이 결정하는 것이 아니라 나를 찾고 자기 자신을 믿을 수 있어야 한다. 아무리 노력해도 왜 행복하지 않은지 현실을 부정하지 않으며 작은 습관을 고쳐야 한다. 진짜 중요한 것은 돈으로 살 수 없다. 누구에게 기대지 말고 진정한 나를 찾는 일에 몰입하면 진정한 행복은 따라온다. 진정한 행복을 위해서 나의 마음을 볼 수 있도록 자신에게만 집중하고 자신의 삶을 살아간다면 우리는 어제보다 더 행복한 삶을 살아갈 수 있다.

무한 경쟁을 부추기는 우리 사회는 자본주의의 문제점들을 모두 담고 있는 것이 슬픈 현실이다. 경쟁과 비교의 대상은 다른 사람이 아니라 어제의 내가 되어야 한다. 남보다 빨리 하는 것보다 제대로 하는 것이 중요하며 포기하지 않고 끝까지 가는 사람이 이길 것이다. 행복 명언 중에 "스스로 행복하다고 생각하지 않는 사람은 행복하지 않다"고 했다. 우리는 행복하기 위해 세상에 왔지만 행복을 멀리서 찾는 것이 아니라 주위에 감사할 수 있는 일을 찾아야 한다. 아무리 노력해도 행복해지지 않는다면 내 마음은 멀리하고 밖에서만 행복을 찾으려고 애쓰는 건 아닌지 관찰해봐야 한다. 행복이란 자신 안에 있다는 것을 발견하고 가던 길을 잠시 멈추고 가치 있는 것을 알 수 있는 여유로움이 필요하다.

'수저 계급론'은 불평등에 대한 사회적 인식으로 알고 있지만 불평등은 여전히 사라지지 않고 있으며 개인의 문제만이 아님을 알 수 있다. 심지어 불평등이 낳고 있는 다양한 사회 현상 중의 하나이지만 개인의 문제로 받아들인다. 이처럼 사회는 아무리 노력을 해도 부자들은 더 부자로 가난한 사람은 더 가난해진다. 언제나 행복과 성공은 불평등을 초래한다. 이상과 현실에서 채워지지 않는 사이에 서성이는 내 자신은 점차 이기심으로 뭉쳐졌다.

내가 살기 위해서는 누군가를 짓밟고 올라가야만 살아남는 사회는 비극이다. 노력이 통하지 않는 시대에 살고 있다. 나는 아무리 열심히 일을 하고 노력을 해도 바뀌지 않는 현실 속에 산다. 갖고 있는 작은 희망조차 사라지게 될 것 같아 다시 희망을 갖기 위해 확신을 해야 했다. 패배하지 않도록 열정을 가진 사람들처럼 스스로를 믿어야 한다. 원대한 꿈을 갖기 위해 우선 있는 그대로 충실하게 나의 일상을 좋아하는 것으로 그림을 그리며 채워갔다.

그런 나를 보고 엄마는 그림을 그리면 밥 굶는다면서 그림을 하지 말라고 하셨다. 나에게는 밥보다 내 목숨보다 마음을 알아봐주는 그림이 더 소중했다. 포기하지 않고 계속했으며 그렇게 몇 년이 지났다. 화실 선생님은 직업이셨기에 화실 선생님보다 더 잘 그리는 건 미안한 거라고 생각했다. 그리고 화실을 그만두지 않고 계속 다니고 싶었다.

평생을 바쳐서 제자에게 노하우를 알려주시는 스승에 대한 감사함은 그 어떤 것과도 비교할 수 없을 만큼 소중하다. 실크 초상화는 유화물감을 사용하여 섬세하고 생동감 있게 표현하는 기법이다. 유화물감을 검정색 하나로만 사용했는데 몇 년을 계속 하다 보니 답답했다.

"선생님, 다양한 컬러를 사용하여 초상화 채색 기법으로 하면 안 되나요?"

도서관에서 고흐의 다양한 색으로 표현된 〈귀에 붕대 감은 자화상〉이

라는 작품 사진을 가져왔다. 흑백 사진이 아닌 컬러 사진을 처음으로 무
채색 유화물감으로 채색했다.

〈위플래쉬〉라는 영화 속의 교수님께 학생이 반항한 것처럼, 나 또한
알 수 없는 반항으로 그렇게 밖에 표현이 안 되었다. 천재 드러머를 다룬
이 영화는 잊을 수 없는 나의 인생 영화이다. 영화 속 플레쳐 교수는 학
생에게 자신의 실력을 높이기 위해서는 자신에게 엄격해야 한다며 세상
에서 제일 쓸데없고 해로운 말이 "그만 하면 잘했어야."라고 말하는데 꼭
나에게 하는 대사 같았다.

그림을 계속한다는 것은 지겹지 않은 아름다움이 있다는 것이다. 그림
이란 시대와 인생을 담기 위한 것이지만 나에게 미술이란 나에 대한 가
능성을 발견하기 위한 방법이었으며, 글과 언어처럼 그림을 만나 감사하
다.

이제는 옛 추억이 되었지만 삶은 항상 시대를 넘고 공간을 벗어나 감
동을 울리며 존재의 기적임을 깨닫는다. 잡힐 것 같은 형상을 그대로 재
현하기보다는 잠시 스쳐지나가는 그 어떤 느낌들을 화폭에 담고 싶어졌
다. 시·공간에 있지 않고 3차원의 세계를 넘어 다차원의 공간으로 진입
하여 나의 작품은 예술의 무한한 가능성에 대한 도전과 모험의 의지로

가득 차게 할 것이다.

비교는 행복의 끝이고 불행의 시작이다. 끊임없는 탐구와 끊임없는 실험의 흔적이 형태와 색으로 나타나듯 지속적인 연구와 노력만이 내가 가는 길의 원동력이 된다.

요즘 행복이란 단어가 너무도 흔하다. 어떤 일을 할 때마다 행복을 우선순위로 두기도 한다. 행복하지 않다고 우울증에 걸린 것이 아니다. 타인들의 SNS나 블로그 속에서 보여지는 행복은 바라지 않는다. 잠시 행복하지 않다고 불행한 것이 아니다. 그래도 괜찮다.

07

과거에 생각했던 결과가 **현재의 모습**이다

인생이란 마음속으로 그리는 미래의 삶을 사는 것이 아니다.
현재를 삶으로써 진정한 미래의 삶을 살 수 있다.

− 에머슨 −

살아간다는 건 자기가 선택하지 않은 것을 감당하는 것이다. 하던 일
이 사라졌다고 해서 내 삶이 사라진 것은 아니다. 의미 있다고 생각한 일
들이 하루아침에 사라졌지만 의미 있는 일을 찾아 계속한다면 어떤 어려
움이 와도 이겨낼 수 있다. 현재에 집중하여 충실하게 살기 위해서는 과
거의 집착에서 벗어나야 한다.

지나간 과거에 매달려 만약 잘했더라면 오늘 나의 인생이 지금보다는
훨씬 좋아지지 않았을까? 나의 선택에 문제가 있어 현재를 행복하게 살
지 못하는 것이라고 생각했다. 이상과 현실의 너무 많은 차이로 나의 꿈
은 부정적이되었다.

세상에는 고민해도 해결할 수 없는 일들이 너무나 많다. 이것을 이해할 수 있다면 그것만으로도 된 것이다. 소중한 사람을 잃고 나서는 잘 못해드린 것만 생각이 났다. 죄책감에 내가 나를 미워하기도 했다. 책을 읽고 그림을 그리는 새로운 습관들은 부정적이었던 내가 긍정적으로 바뀌기 위한 것이었다. 매일 죽어가는 나에게 새롭게 다시 태어나는 느낌을 주었다. 그리고 다양한 감정들 속에서 어떻게 나를 선택해야 하는지를 알아가면서 조금씩 변화되어갔다. 미국의 철학자 랄프 왈도 에머슨은 "인생의 가장 가치 있는 보상, 즉 사람이 누릴 수 있는 최고의 행운은 좋아하는 취미를 가지는 것이며 그 안에서 일과 행복을 발견하는 것이다." 라고 했다.

결핍은 자신을 믿지 못하고 의심으로 보게 된다. 스스로가 행복하지 않으니 불평 불만이 많은 나는 사랑과 인정을 받고 싶었다. 부정적인 친구들을 가까이하고 긍정적인 친구들을 밀어냈다. 인간은 누구나 본질적으로 잠재력과 가능성을 갖고 태어난다. 부정은 부정을 끌어당기고 긍정은 긍정을 끌어당기며 우리 눈에는 보이지 않는 힘이 늘 존재한다.

그림을 그리며 화실을 다닌 이후로 스스로 인정을 해주게 되었다. 또하나의 좋은 습관으로 만들기까지 미리 행동부터 했다. 시간이 흘러 습관이 되었고 하던 것을 하지 않으면 안 될 정도가 되었다. 그림은 나에게 만족스럽지 못한 현실의 도피처가 되어주었다. 조금씩 지나간 어제의 나를 반성하며 희망적인 미래를 꿈꿀 수 있게 해주었다. 결핍에서 비롯된 목표 설정은 결핍의 상태를 유지해주었지만 나의 존재를 확인하고 싶었다. 모든 목표를 이루면 행복할 거라 생각했다. 오늘의 내가 어제의 나에게 해줄 수 있는 것은 어제의 잘못된 생각과 행동으로 흔적을 남긴 것을 지우개로 지워가며 반성하는 것이었다. 나의 그림을 보며 배우게 되었다. 현재 나의 감정 상태가 행복할 수 없다면 나는 무엇을 가져도 행복할 수 없다. 본질적인 마음의 원리를 조금씩 이해하게 되었다.

차갑게 얼어버린 마음을 따뜻하게 녹여줄 스승을 만난 것 같았다. 부정적인 감정들이 파고 들 때 어김없이 나는 기분 좋은 감정들로 하루하루가 행복했다.

내가 본 사람 중에 가장 그림을 잘 그리는 사람은 화실 선생님이셨다. 더 잘하고 싶은 마음에 부족한 부분은 많은 책을 읽으며 잘하기 위해 노력했다.

나를 위한 행복은 꾸준한 노력만이 필요하다는 것을 알게 되었다. 삶은 내가 원하는 대로 사는 인생이 아니라 상황에 맞는 다양한 가면을 쓰기도 해야 한다. 한 방송사 예능 프로그램에 나오는 유명 연예인들은 각자의 이름 대신에 새로운 활동명으로 전혀 다른 나를 만든다. '멀티 페르소나' 유행이 자리 잡아간다. 자신이 기존에 갖고 있는 이미지와 전혀 다른 성격의 캐릭터에서 색다른 매력이 발견된다. 페르소나(persona)의 뜻은 그리스어로 '가면을 쓴 인격'을 뜻하며 나 자신을 들여다보고 새로운 가능성을 찾는 과정으로 자신을 잃어버릴 수도 있기 때문에 가장 중요한 건 내가 가장 원하는 '나의 내면'에 집중해야 한다.

현실은 아무리 노력하고 미래 계획을 세워도 변하지 않는다. 현재를 잘 살아가기 위해 더 깊은 무의식에서는 그것을 꼭 이룰 수 있다고 생각하며 살아간다. 현재 만족하지 못한 상태를 바꾸기 위해서는 내가 변해야 한다.

가장 소중한 것은 순간순간의 작은 행복들이다. 아직 오지 않은 먼 미래만을 그리워하다가 현재의 소중함을 놓치는 실수는 하지 않아야 한다. 현재 나의 모습은 지나온 과거의 생각들이다. 그냥 주어진 것이 아니라 내가 과거에 원했던 것들이었다. 세상은 나의 '의식'이 모든 것을 '창조'한 결과이다. 지금 깨어 있음에만 늘 존재해야 한다. 행복한 정서는 과거, 현재, 미래의 시간 여행으로부터 자유로우며 지금 이 순간만은 영원할 것이다.

반면 부정적인 생각이 떠오를 때 부정적인 에너지를 만드는 생각에는 먹이를 주지 않도록 깨어 있어야 한다. 생각이란 하면 할수록 그 힘은 더 커지고 강해진다. 인간관계는 스스로를 사랑하는 것에서부터 시작한다. 생각의 전환으로 창조적인 사람이 되어야 한다. 불행한 감정은 부족한 것들을 결핍으로 만든다. 무엇이든 감사하는 마음으로 살아야 한다. 가난도 슬픔도 불평도 현재 의식과 잠재의식이 연결되어야 끌어당김이 가능해진다.

현재 우리의 모습은 과거에 생각했던 결과이다. 자신이 얼마나 소중하고 특별한 존재인지를 깨달아야한다. 부정적인 감정이 패턴화가 되어 자리 잡지 못하도록 해야 한다.

나의 잠재의식에 "난 꼭 할 수 있어!"라는 말로 부정적인 감정의 패턴을 거부해야 한다. 잠재의식은 조금씩 성장하는 과정을 잘 겪어야 한다. 그래야만 잠재의식이 저항하지 않고 받아들여 패턴화가 되는 과정에 적응해야 원하는 것을 끌어당길 수 있다.

무엇인가를 생각하는 순간 생각은 눈에 보이지 않지만 실체의 에너지를 느낀다. 나의 확신을 갖고 생각이라는 씨앗을 심는다. 그리고 계속 생각하면 점점 자라서 현실로 나타나 실체가 되어 나타난다. 현재 모든 것들은 언젠가는 생각했던 것들이었고 다가오는 것은 나의 생각대로 이루게 되는 것이다. 만약 현재 고통과 실패로 괴로워한다면 과거에 부정적인 생각을 반영한 것이다. 더 나은 현재의 모습을 원한다면 긍정적인 생각과 변화를 관찰해야 한다. 세상의 모든 기적은 먼저 당신의 마음속에서 일어나고 있으며 생각하는 대로 이루어질 것이다.

사람은 늘 실패를 하며 사는 존재이다. 실패해도 다시 일어나 자신을 성장시키는 디딤돌로 삼는다면 성공으로 가는 과정의 모든 것들은 값진 것이 된다. 불행한 자신의 스토리를 쏟아내어 부정적인 감정에서 벗어나지 못한 채 과거의 경험을 현재에도 나라고 믿고 있는 것이다.

사람은 사랑하는 사람에게 상처를 받은 경험 때문에 오랫동안 그 상처에서 벗어나지 못한다. 새로운 사람을 만나도 또 불안한 감정이 떠올라 새로운 관계를 방해한다. 과거의 부정적인 감정이 현재의 감정을 지배하고 있기 때문이다. 부정적인 사람과 긍정적인 사람은 어떠한 일이 생겼을 때 상황을 받아들이는 방식이 전혀 다르다. 부정적인 사람은 부정적인 방식으로 받아들이고 긍정적인 사람은 긍정적인 방식으로 받아들인다. 아주 작은 차이지만 긴 세월이 흐른 뒤에는 엄청난 차이로 나타나기에 생각 습관을 눈여겨봐야 한다.

나한테만 이런 일이 생기는 것이 아니라, 살아가면서 다양한 일들이 생기는 것이 인생이다. 하지만 어떠한 일이 생겼을 때 어떻게 받아들이느냐가 중요하다.

세상을 어떠한 관점으로 보느냐에 해석이 달라지듯이 자기 기준을 세워 나아가는 것이 중요하다.

나폴레옹은 "오늘 나의 불행은 언젠가 내가 잘못 보낸 시간의 보복이다."라고 말했다.

지금의 내 모습은 과거에 내가 선택해 온 것들의 결과이며, 앞으로 내가 선택하는 것들이 모여 나의 또 다른 미래 모습으로 변해간다. 지나간 일을 후회하기보다는 희망을 갖고 오늘에 최선을 다하여 현재의 나에게 집중해야 한다.

08

인생은 우리가 **생각하는 대로** 이루어진다

사람은 자신이 생각하는 모습대로 된다. 지금 자신의 모습은 자신의 생각에서 비롯된 것이다.
내일 다른 위치에 있고자 한다면 생각을 바꾸면 된다.

- 데이비드 리버만 -

그림을 많이 그려도 완성을 하지 못하는 사람보다 한 번이라도 완성을 하는 사람이 훨씬 실력 있는 사람이라고 화실 선생님은 말씀하셨다. 그 이야기를 듣고 그림 작품을 완성하는 습관을 가지게 되었다.

고민이 많을 때에는 나의 마음이 그대로 작품에 나타나 여러 번 망쳤다. 그림과 친숙하기까지 많은 시간이 필요했다. 연필 스케치를 할 때마다 연필과 종이 사이에서 나는 '슥슥슥' 연필 소리와 작품에 집중을 할 때마다 들리는 나의 심장소리는 살아 있음을 느끼게 해주는 행진곡 같다. 화실에 있는 시간은 점점 길어졌고 그 시간은 빠르게 흘러갔다.

주파수만 정확하게 맞춘다면 그 결과는 아주 성공적이며 완벽 그 자체일 것이기에 마음속으로 다짐을 했다.

"그림을 화실 선생님보다 더 잘 그릴 수 있다면, 세상 밖을 향해 그림이라는 날개를 달아 날아가는 나비가 될 것입니다."

그림 공부를 위해 유학을 생각하는 날이 많았다. 어느 나라가 좋을지 유럽 배낭여행을 먼저 하고 난 후에 정하기로 했고, 계획대로 회사에 사표를 내고 4년간 저축한 돈으로 유럽 배낭여행을 가게 되었다. 책에서 보던 그림 작품들은 내 마음을 사로잡았다. 안정된 직장만 생각하며 산다는 것은 나에게는 인형과도 같은 삶이었다. 화실 안에서 특별하다고 생각한 나의 그림 실력은 아주 평범한 것이었다. 나는 방향을 찾기 위해 떠난 배낭여행으로 오히려 길을 잃었다. 프랑스의 루브르 미술관에서는 어린아이들이 선생님과 함께 관람을 하면서 가볍게 드로잉하는 것을 보았다. 우리나라의 입시미술인 석고데생과 너무나도 상반된 모습이었다. 우리나라 미술교육에 대해 색안경을 끼며 보게 되었다.

나는 음악을 좋아해서 패션몰 방송실에서 일을 하게 되었다. 오빠인 줄 알았는데 알고 보니 연하였던 지금의 신랑을 만나 연애를 하게 되었다. 나를 사랑해주는 모습에 반해 신랑과 결혼을 선택했다.

지금은 결혼 적령기가 많이 늦춰졌지만 10년 전에는 여자가 결혼을 30세 넘어서 하면 노처녀라는 꼬리표가 붙었다. 친구들 중에서도 내가 가장 늦은 결혼이었고 신혼집이 원룸이라 생활이 변변치 않아 친구들을 초대도 하지 못하고 자연스럽게 멀어지게 되었다. 자존감이 낮아졌지만 계속 내 탓만 하며 시간을 낭비할 수는 없었다. 고난과 시련은 내가 다시 그림을 다시 할 수 있게 해주었고, 언젠가는 다시 꼭 붓을 잡을 것이라고 마음먹었다. 더 빨리 그림을 하고 싶었기에 안정된 자리를 잡아야만 했다.

모든 꿈은 이루어졌다.

돈을 많이 벌고 싶다면 돈에 대해 긍정적이고 좋아해야만 돈을 끌어당길 수 있다는 것을 알게 되었다. 결혼을 하고 돈이라는 현실 앞에서 무너져 힘든 때도 있었다.

내가 이루고자 했던 생각들은 모두 현실이 되었다. 평상시에 습관적으로 사용하는 말들과 마음가짐은 내 삶에 영향을 주고받았으며 생각은 고스란히 말이 되어 행동으로 이어져 나왔다. 자연의 법칙인 끌어당김은 비슷한 것끼리 끌어당기고 자신이 무엇을 생각하는지 알려면 어떤 감정인지 감정을 살펴보아야 한다. 자신의 감정은 자신의 생각을 알게 해주기 위해서이고 우리가 생각하고 있는 미래를 현재로 가져와야 한다.

천년 전에 원효대사는 "마음이 모든 것을 만들어낸다."고 말했다. 원하는 것을 갖기 위해 필요한 것은 이미 내면에 있다. 이제 할 일은 발견하여 찾아 쓰는 것이다. 그리고 목표 설정을 명확하게 하는 것이다. 그리고 더욱더 멋지게 살 것이라고 감사함으로 끌어당겨야 한다. 성공한 자신의 모습을 머릿속에 이미지를 그리고 늘 떠올리는 습관적인 행동들이 뒷받침되어야 한다.

생각을 바꾸면 세상이 달라진다. 세상에서 가장 행복한 사람은 자기 안에 있는 최고의 것을 끌어내어 실행하는 사람들이다.

결혼 후 원룸에서의 나의 꿈은 나만의 작업 공간을 갖는 것이었다. 작은방에 그림도구와 이젤을 놓으니 발을 디딜 틈이 없었다. 나의 꿈이었던 것을 실현하기 위해 집 근처에 개인 작업 공간 하나를 얻게 되었다.

원룸이 작아 얻게 된 개인 화실은 간판이 없는 미술 교습소였다. 미술 수업 시간에 어린 아이들이 나에게 말했다.

"선생님, 저는 미술이 너무 좋아서 100살 먹어도 선생님과 같이 그림 그리며 살고 싶어요."

그 말을 듣고 마음이 울컥했다. 방향을 잃고 방황하는 나를 잡을 수 있게 해주었다. 나도 누군가에게 희망이 될 수 있는 소중한 사람이라는 것을 알게 되는 순간이었다.

나의 인생은 추운 겨울이 지나고 새로운 봄이 시작되었다.

새로운 나를 발견하게 되었고 미술 교사의 적성은 나에게 너무 잘 맞았다. 모든 아이들이 잘되기만을 바라며 미술교육에 집중했다. 마음먹은 일이 생각처럼 잘되지 않는다면 그 일을 포기하는 것이 아니라 자료를 더 많이 모아야 한다. 새로운 시작이 눈앞에 펼쳐졌다. 잠시 멈추고 포기했던 것은 선택하지 않고 순리에 맡긴다. 아이들은 모두 특별하고 소중하다. 나는 아이들의 타고난 개성을 소중하게 여기고 키워줄 것이다.

"선생님, 우리아이가 자신감이 없어서 그림을 못 그린다고 안 그렸는데, 선생님께 미술을 배운 뒤로 집에서 매일 그림 일기장에 그려요. 너무 신기해요."

아이들을 지도하면서 말 안 하는 아이도 감정표현을 하려고 한다는 말은 나에게 보람되었다.

　사람은 행동을 먼저 시작하면 의욕이 뒤따라 생긴다고 한다. 시작이 반이라는 말은 과학적으로도 근거가 있는 말이다. 어떤 일을 시작도 하기 전에 자신의 능력을 과소평가하지 말아야 한다. 무엇을 생각하든 나의 행동이 변하지 않으면 우리의 삶은 결코 변하지 않는다.

　하루의 내 생활방식을 보면서 나는 오늘 어떤 생각을 하면서 보냈는지, 나의 감정과 행동이 어떠했는지를 생각해보자.

　아무리 노력해도 주위 환경이 절대 바뀌지 않을 때가 있다. 내가 더 잘 살고 행복하기 위해 노력했는데 만약 그런 일이 일어나지 않는다면 어떻게 할 것인가?

　자신이 원하는 대로 일어나지 않았다고 해도 언젠가는 그 날이 오기 전까지 지금부터 어떠한 삶을 살아야 할 것인가?

　선택을 하지 않는 것도 선택이고, 평상시 말하는 말버릇도 행동이다. 우주에게 보내는 부정적인 주문이다. 누구나 생각에만 너무 빠져 아무것도 하지 못하기도 한다. 부정적인 자기 대화에서 벗어나야 한다. 하지만 그것을 반복하고 있다. 누구에게나 근심 걱정은 다 있다.

당신은 세상에서 가장 소중하다. 작은 것에 감사하고 긍정적으로 살아야 한다.

우주는 언제나 우리의 편이다. 당신이 원하는 것을 주문하면 우주는 그것을 위해 최선을 다한다.

현재 내가 생각한 결과이기에 지금 생각을 바꾸면 미래도 바뀐다. 이 순간에 바라는 것이 있다면 자신의 생각을 의심을 하지 말고 행동하자. 기적 같은 변화는 꼭 이루어진다.

2장

언제까지나
계속되는
불행은 없다

행복은 스스로 만드는 것이다

이 세상에는 행운도 불행도 없다.
다만 생각하기에 달렸다.

- 셰익스피어 -

상상을 현실로 옮기는 미셸 공드리 감독의 영화 〈무드 인디고〉는 원작 보리스 비앙의 대표작 〈세월의 거품〉을 영화로 만든 것이다. 영화 속 대사가 마음에 들었다.

"만약 우리가 이 순간을 망친다면 다음에 다시 시도하면 돼. 또 실패한다면 그 다음에 다시 시도하면 돼. 그렇게 우리 인생 동안에 계속 시도하는 거야."

인생도, 사랑도 끊임없이 좋았다가 나빴다가 반복하면서 변하는 것이다. 모든 새로움은 없는 것이 아닌 있는 것에서의 '재발견'이다. 그 어디에도 없는 것은 상상이 아니라 허상일 수도 있다. 그림은 단순히 형태만 보고 따라 그리는 것이 아니라 나의 감정을 이미지에 투영하여 표현하는 것이었다.

밤을 새워서라도 어떻게 해서든 그림을 완성하려고 노력했다. 상처를 입기 두려워 아무 것도 하지 않는 것보다는 막막함에 경험 속으로 뛰어 들어야 한다. 내가 찾은 방법은 하고 싶은 것부터 즐겁게 그리는 것으로 시작했다.

매일매일 그때의 상황에 맞게 어떻게 해서든 화실을 가야만 하는 수만 가지의 이유를 만들었다. 계속 다닐 수밖에 없는 상황을 만들지 않으면 또 다른 게으름이 나에게 손짓했다. 똑같은 일이 벌어져도 누구에게는 행복이 되는 것이 다른 이에게는 행복하지 않은 일이 되기도 한다.

행복이라는 사전적 의미는 생활에서 충분한 만족과 기쁨을 느껴 흐뭇 함과 또는 그러한 상태이다. 인간은 누구나 행복해질 권리를 갖고 태어 났지만, 행복이란 정확하게 무엇이라고 말할 수 없다.

누구나 행복한 삶을 살고 싶어 하지만 '행복'의 정체는 무엇인지 사람 마다 각자의 관점이 다르다. 나 또한 그림을 그리는 것이 행복이기도 했 었다.

전날에 그린 그림을 다음 날 전날의 작품을 보며 스스로를 '격려하는 것' 또한 큰 행복감이 되었다. 현대사회는 부와 명예 성공과 출세, 돈, 명예, 소유, 쾌락 절대적인 행복의 기준으로 단기적인 자극은 주지만 장기적인 행복을 주지는 않는다.

사람은 습관의 노예이다. 나의 존재를 생각과 행동 그리고 말로 드러내야 한다. 나의 내면과 내뱉는 말이 같아야 자존감이 생기고 삶의 질이 좋아지며 행복하게 살아갈 수 있다.

행복과 자존감은 일치하다. 행복한 사람은 자존감도 높으며 지속 가능한 행복을 위해 먼저 '나'를 알아야 한다. 낮은 자존감이 행복하지 않은 이유는 내가 나를 소중히 여기지 못하고 사랑하지 못한 것이다. 낮은 자존감을 회복하여 세상 밖으로 당당하게 나아가야 한다.

높은 자존감을 가진 부모가 자존감이 높은 아이로 키울 수 있듯이 자존감은 스스로를 어떻게 생각하는가에 달려 있다. 아주 어린 시절에 타인이 대했을때 이것을 내가 어떻게 받아들였는지가 중요하다. 누군가에게 얽매이는 삶에서는 행복을 절대 찾을 수 없다.

순간순간을 오롯이 나와 함께 살 수 있는 삶이 되도록 행복도 내가 만들어야 한다. 감정에 대한 보살핌과 따뜻함 같은 정서들로 자신의 특정한 세계관을 만들어낸다. 이렇게 만들어진 자아 정체성은 사람의 인생 전체를 지배하기도 한다. 인간관계의 갈등을 보면 생각이 다른 것보다 감정이 달라서 문제인 경우가 많다.

감정은 누가 시키는 대로 조절하는 것이 아니다. 나의 감정을 능동적으로 다루어야 한다. 감정은 상호 작용해야 하는 것이다.

타인의 시선을 의식하지 말고 자신의 내면을 변화시켜야 한다. 자신의 마음을 알아차리기 위해 노력해야 하는 것처럼 마음이란 가만히 있는다고 저절로 알게 되는 것이 아니다. 나는 행복을 그리는 인기 있는 스페인 화가 에바 알머슨의 작품을 보면서 소소한 일상 속 어디에나 행복이 있는 것을 알게 되었다. 끊임없이 자신과 가족을 다정한 눈으로 보고 그리려고 노력한다는 그녀의 행복도 밖에 있는 것이 아니라 내 안에 있는 것과 같다.

우리는 내가 원하는 것이 이루어지지 않으면 크게 좌절과 실망을 한다. 좀 더 깊게 생각해보면 꼭 이루어지지 않았다고 해서 크게 불행한 것도 아니다. 그토록 바라는 대로 이루어진 좋은 것들도 길게 가지는 않는다. 에이브러햄 링컨은 대부분의 사람은 마음먹은 만큼 행복하다고 했다. 어떤 일이든 불행하다고 마음을 먹으면 불행해지고 행복으로 여기면 행복해지는 것이다. 진정한 행복은 어떠한 조건이 아니라 내가 세상을 바라보는 관점을 바꿔야 하는 것이다.

행복은 어떠한 것이 있어서 행복하고 없다고 불행을 판가름하는 것이 아니다.

일시적인 기쁜 감정을 우리는 행복이라고 하지 않고 즐거움 또는 쾌락이라고 한다. 행복은 지속적이어야만 한다. 어느덧 돈과 명예가 아닌 행복을 기준으로 일을 선택하며 우리는 실패를 통해 많은 것을 배운다. 진정한 행복은 물질적인 것도 아닌 '진짜 나'로 사는 것이다.

미래의 행복을 위해 현재를 불행하게 사는 사람도 있다. 나 역시도 그래왔기에 지금은 불행을 감수하고 어떠한 목표를 위해 현재를 참고 견디고 희생하지 않는다. 진짜 내가 없이 희생만 한 행복은 길게 가지 않는다.

행복은 우리가 사는 바로 지금 여기에 있는 것을 잊지 말고 시간을 소중하게 보내야 한다. 시간은 무엇보다 소중하다. 그리고 나에게 가장 소중한 사람은 나이기에 바쁜 일상 속에서 집중할 수 있는 시간을 만나야 한다. 자신의 행복이 무엇인지 생각할 시간을 갖고 내 삶을 비추는 상대방도 자신의 행복을 위해서 같이 행복해야 한다.

인생은 선택의 연속이며 선택한 것에 대한 책임만 있을 뿐이다. 데일 카네기는 "행복은 당신이 누구이고 무엇을 가졌느냐가 아니라 무엇을 생각하느냐에 달려 있다."고 말했다. 무엇을 생각하는가는 나에게 달려 있다. 우리는 모두 특별한 존재이고 존재해야 하는 그럴 만한 가치가 있다.

"나는 꼭 이것을 해야 된다", "나는 잘해야 한다."고 자기 자신을 가두지 말아야 한다. 잘하지 못해도 실수해도 괜찮은 사람이다. 자기 뜻대로 안 되었다고 미워하지 말고 세상에서 가장 행복하기 위해서는 '행복해질 용기'가 필요하다. 내 삶의 주인으로서 행복을 만들며 살아야 나를 좋게 변화시키며 세상도 좋게 바뀌는 것이다.

아직 오지 않은 내일만 바라보다 소중한 이 순간을 놓치지 않기 위해서라도 모든 것은 나를 위해 존재하는 것이다. 내가 포기하지 않는 진정한 행복은 무형의 느낌이고 감정이다. 내가 먹고 싶은 것을 먹고, 입고 싶은 것을 입고, 하고 싶은 것을 자유롭게 하며 행복할 수 있게 자신을 이해해야 한다. 그리고 내면을 성장시켜야 한다. 과거에는 무엇을 가진 것보다 무엇을 아느냐가 행복의 기준이 될 수 있었지만 현실은 꼭 그렇지는 않다. 적절한 균형이 중요한 시점이다.

　가진 것은 적지만 서로 나누고자 하는 마음과 작은 것에도 감사하는 마음이 크다면 행복할 수 있다.

　그렇다면, 나의 행복이 그림으로 다가왔다는 말은 매일매일 그림을 그리는 성취감들은 정서적 표현으로 싹튼 감정이었다. 우리가 믿고 있는 어떠한 신념들은 자연의 흐름에 의해 변형되어 점점 사라진다. 죽음은 인간의 숙명이다. 인간은 과거의 원인이 현재의 결과를 규정지어 수많은 미래의 가능성을 선택했다. 나의 관점만 바꾼다면 행복은 손에 잡히지 않는 추상적인 것이 아니다, 행복은 내 안에 있는 것이며 선택하는 것이다.

　그 행복을 선택할 수 있는 것은 오직 자신뿐이다.

자신의 **가치**는 나 자신이 정해야 한다

성공하는 사람이 아니라
가치 있는 사람이 되기 위해 힘쓰라.

– 알버트 아인슈타인 –

이 세상에 새로운 것은 인간이며 인간의 존재만이 새로움이다. 어떠한 순간에도 잃지 말아야 하는 것은 나뿐이다. 나의 손끝에서 나오는 것은 모두 새로움이라 할 수 있다. 화실에서 더 이상 할 작품들이 없어서 고흐의 자화상인 컬러 그림을 화실에서 무채색으로 그리며 채색을 했다. 더 넓은 세상에 나가서 나의 현재 위치가 어디인지 가늠해보고 싶어 유럽의 유명한 미술관과 박물관을 여행했다. '빛에 따라 느낌이 달라지듯 모든 것은 변해간다'는 "인상주의"는 철학적 사유로 이어졌다.

예술의 가치는 손의 테크닉이 아닌 드러나지 않는 '정신에 있는 것'이다. 미학의 가장 중요한 물음은 예술이 왜 가치가 있는가이다.

고등학생 때 학비를 벌기위해 담임 선생님께서 추천서를 써주셔서 대전에 있는 카이스트에서 아르바이트를 한 적이 있었다. 그때는 컴퓨터가 활성화가 되지 않았을 때라 학과 사무실 조교의 잔심부름을 했다. 학교가 워낙 넓기 때문에 서류와 우편물 등을 다른 과사무실에 갖다 주는 단순한 업무도 했었다. 한여름에는 너무 더워서 걸어가다가 일사병에 걸릴 것 같아 학교 안에 있는 셔틀 버스를 타고 다녔다. 그때는 내가 아르바이트를 하는 곳이 유명한 대학인 줄도 몰랐다. 나보다 두세 살 많은 언니 오빠들의 공부하는 모습을 보고는 그냥 공부벌레라고만 혼자 생각하고 말았다. 내가 어떤 필터링을 통해 세상을 바라보고 해석하는지에 따라 많은 차이가 난다. 가치를 타인의 기준에 맞춘다면 항상 무가치한 존재일 수밖에 없다. 나의 가치는 타인이 아닌 내가 정해야 한다. 하고 싶은 말 대신 그림을 하며 나의 생각과 감정을 억누르지 않고 표현하는 것이 좋았다.

분명 나는 가치 있는 존재인데 내가 나를 대하는 무가치한 존재로 살아온 낡은 패턴과 계속 힘겨루기를 했다.

프로이트는 인간과 동물을 구분해 주는 차이점 하나가 '자신의 가치를 인정받고자 하는 욕망'이라고 말했다. 인간은 사람들과 관계를 맺고 살아가야 한다. 모든 관계에서는 서로의 다름을 인정하는 것부터가 관계의 시작이다. 자신의 가치는 다른 사람에 의해 알 수 없고 내가 가치가 있는 사람이라고 생각하면 진정 가치가 있는 사람인 것이다.

조지아 오키프(1887-1986)는 미국 현대미술계에서 가장 독보적이며 독창적인 존재로 자신의 독특한 예술관에 충실했으며 뉴욕 현대미술관에서 회고전을 한 최초의 여성 화가이다.

조지아 오키프는 말한다.

"나를 '최고의 여성 화가'라고 말하지만, 내가 보기에 나는 '최고의 화가' 중 하나입니다."

그는 짐승의 뼈, 조개껍데기, 꽃과 뉴욕, 호수 등의 풍경을 수없이 반복하여 일관된 작품세계를 구축하였다. 수십 년에 걸쳐 연작으로 변주되어 자신이 느끼는 꽃을 크게 그려서 사람들을 놀라게 하여 계속 바라보게 하였으며 "나는 내 삶에서 일어난 일들을 그렸다는 것을 깨달았다."고 했다.

영화『세라 핀』에서처럼 가정부 일을 하며 물감 재료를 사고 생계에 허덕이며 그림을 그리는 모습은 나와 비슷해 보여 눈물이 났다. 현실 속의 나를 더 가치 있는 나로 재탄생시켜줄 것이라는 믿음을 져버리지 않았다. 클로드 모네는 지베르니에 있는 정원에서 수백 점의 걸작을 탄생시켰고 고흐는 입원한 정신병원에서 일 년 동안 150점이 넘는 작품을 완성했다. 화가들의 위기나 고난에서도 휴식과 안식처가 되는 곳은 반복해서 그림을 그리는 화폭 안이었다.

가치는 노력에 의해 자기 자신만이 만들 수 있다. 다른 사람과 비교하며 자신의 인생을 불행해 하지 않아야한다. 노력하는 것은 인생의 가치를 높이는 일이기에 평상시 작은 습관 하나를 조금씩 바꾼다면 먼 미래의 가치는 크게 달라져 있을 것이다.

잘못된 것을 고치고 다시 고치면서 어제의 나보다 발전해가는 나를 느낀다. 자신을 믿어줄 때 가치가 있다고 여기며 행복감도 높아진다.

힘이 들 때마다 크게 생각하고 바라보기 위해 노력해야 한다. 큰 숲을 보는 사람이 작은 나무 한 그루를 쳐다보는 사람보다 덜 불행하다. 큰 생각과 큰마음을 가질 수 있다면 평온함을 유지할 수 있다.

내가 나를 귀하게 여기면 세상에서 가장 귀한 사람이 되는 것이고 하찮게 여기면 가장 하찮은 사람이 된다.

따뜻하게 잘 대해주는 언니들이 하나둘씩 결혼을 했다. 집에는 막내 동생과 나, 엄마 이렇게 셋만 남았다. 이른 저녁 준비로 국수를 삶았다. 옥상에 있는 둥근 호박을 따서 볶아놓고, 김 가루와 함께 통깨를 뿌려 먹음직스럽게 그릇에 담는다. 남은 호박으로 호박전을 부쳐서 상을 차린다. 저녁에 퇴근하신 엄마와 동생을 위해 차려주면 너무도 맛있게 먹어줘서 오히려 더 고마웠다.

　막내 동생은 직장을 다니는 나에게 용돈 달라고 한 번도 말하지 않는 착한 동생이다. 그런 동생이 안쓰러워 친구들한테 기죽지 말라며 가끔씩 용돈을 쥐어주게 되었다. 나는 챙겨주는 언니들이 집에 없다고 더 이상 슬퍼하지 말아야 한다.

　우리는 자신의 성장 속도를 막는 과거 속의 자신에게 얽매이지 말아야 한다. 언제라도 스스로 원하기만 한다면 값으로 따질 수 없을 만큼 귀한 존재이다. 모든 것은 내가 나를 어떻게 생각하는가에 달려 있다. 기적은 나의 간절한 마음이 만드는 것이다.

　파란색 안경을 쓰면 모두가 파란색으로 보이고, 빨간색 안경을 쓰면 빨갛게 보인다. 사물과 사건에 대한 판단도 나의 관점에 따라 바뀌는 것이다. 자신의 가치를 남이 잘 모르는 건 당연한 것이다.

아름다운 세상에서 행복을 위해 가장 챙겨야 할 것은 자신이며 존귀하게 살아 있어야 세상이 의미 있는 것이다. 우리는 모두 소중한 존재이다. 하지만 자신의 가치를 정하는 것이 어려운 세상에 살고 있다. 다행히 미술을 배우면서 가치 있다고 생각하며 자랐다.

그 전에는 스스로 사랑받지 못하는 사람이라며 스스로 재단하며 자랐다. 누군가에게 사랑을 베풀지 못한다는 건 어쩌면 상처받을까 봐서 두려움이 앞서기 때문이다.

가치가 없는 사람이라고 생각했는데 어떻게 남들에게 사랑을 베풀 수가 있을까? 어쩌면 스스로를 가치가 없다고 생각하는 사람이라면 삶도 사랑도 별 볼 일 없는 삶일 것이다. 원하는 일이 잘 안 된다고 자신을 너무 꾸짖거나 미워하지 말고 자신의 존재 가치를 사랑하지 못할 이유를 만들지 말자.

내가 소중한 존재임을 알아야 다른 사람들도 소중한 가치가 있는 사람인 것을 알게 되는 것이다. 보이지 않는 경계에서 둘도 없이 가장 소중한 가치 있는 존재이다. 인간적인 마음 씀씀이와 생각과 향기가 가진 것이다. 우리는 진정한 가치를 종종 잊고 산다. 세상이 정해놓은 기준과 다르다고 해도 자신의 가치를 정하는 기준은 자신이 되어야 한다.

나를 가장 행복하게 만드는 사람은 오직 나 자신뿐이다. 타인에게 자신의 존재를 증명하려 애쓰지 말고, 소중한 자신의 가치를 타인에게 인정받는다고 해서 나의 가치가 올라가는 것도 아니다. 다른 사람의 감정에 휘둘리기를 거부해야만 비교에서 자유로운 사람이 되고 자신의 삶에 집중할 수 있다. 나만의 기준으로 스스로를 평가하고 단점을 채워나갈 때 자기 삶의 진정한 주인공이 될 수 있다.

시련 뒤에 나를 위한 선물이 준비되어 있다

가장 어두운 시간은
해뜨기 바로 직전의 시간이다.

- 파울로 코엘료 「연금술사」 中 -

누구나 시련을 겪는다. 신이 나에게 선물을 줄때는 그냥 주지 않고 시련이라는 포장지로 싸서 준다고 한다. 모든 시련에는 다 이유가 있다. 괴로워하고 행복해하며 꿈을 쉽게 포기하지 않기 위해 인내심을 키워야 한다. 만약 큰 위기가 왔다면 더 강한 사람이 되기 위한 과정일 것이다. 어린 시절은 성공한 어른을 기대했지만 대학을 졸업해보니 내가 할 수 있는 건 노동자의 삶뿐이었다. 책은 힘든 나에게 위안이 되었다. 좋아하는 일을 끝까지 하면 습관이 된다.

좋아하는 일이 무엇인지를 찾고자 몇 달 동안 가방에 이력서 2~3개씩을 갖고 다니며 도서관으로 출근을 했다. 가장 싫은 날은 도서관 휴무날이었다. 휴무날만 되면 어김없이 오도 가도 못하는 신세가 되어 하루 빨리 직장을 잡아야 하는 불안감이 더욱 커졌다.

기다림은 나와의 싸움이었다. 다행히 나와 조건이 맞는 도서관 근처 사무실에서 출근해 달라는 연락이 왔다. 어엿한 직장인이 되었다. 낮에는 사무실에서 일을 하고, 퇴근을 하면 도서관에서 책도 보고 화실에서 그림도 배우며 자기 계발을 할 수 있었다. 적은 월급으로 화실비와 생활비를 하면 얼마 남지 않은 돈으로 저축을 했다.

삶의 값진 열매를 기억하는 하루하루를 보냈다.

직장인들 누구나가 그렇듯 나도 월급날이 가장 좋았다. 돈을 아끼느라 꾸미는 것은 못했지만 그래도 한 달 동안 고생한 나에게 주는 선물은 서점에 가서 여유 있게 폼을 내며 필요한 책을 계산하는 즐거움이었고, 영화관 가서 보고 싶은 영화를 보는 것이 유일한 문화생활이었다.

서점은 돈이 있는 상태로 가면 역시나 당당하게 다양한 책들을 골라보며 고를 수가 있으니 즐거웠다. 이상하게도 돈이 없는 상태로 서점에 가면 너무도 갖고 싶은 책들이 많아 나를 더 초라하게 했다.

사람은 현재 자신의 상황에 맞게 현실을 해석한다. 명절날에 받은 상여금으로 영어 학원, 수영 강습, 헬스장도 새벽반에 다녔다. 친한 친구들은 나보다 두 배 이상 월급을 받았지만 나처럼 자기 계발 시간은 없었다.

나의 미래를 준비하기 위해 어쩔 수 없이 월급은 적지만 자기 계발을 할 수 있는 곳을 선택한 것이다. 그리고 싶은 그림도, 하고 싶은 작품도 없었기에 홀로서기 준비를 해야만 했다. 어느 날은 같이 화실에 다닌 친한 수강생 한분이 초상화 화실을 차려야 하지 않겠냐고 조용히 물으셨다.

그런데 나는 초상화 기법을 좋아하지 않았다. 예쁘게 그리는 그림이 아니라 현실과 가장 닮은 것 같았기에 선택한 것이었다. 그림 그리는 것이 너무 재밌고 내면의 평온함과 즐거움을 느끼는 자체가 좋았을 뿐이었다. 그땐 내가 가고 싶은 나라로 떠나서 내가 원하는 그림을 그리고 다양한 경험을 하고 싶었다. 하고 싶은 그림을 찾아 나만의 그림으로 표현하고 싶었다.

미술사 한 권을 제대로 읽어보지 못한 내가 예술세계를 평정할 수 있다고 잘못된 판단을 하게 되었다는 것을 뒤늦게 대학에서 미술사를 공부하면서 알게 되었다.

1917년 마르셀 뒤샹이 남자 소변기를 가져다 놓고 〈샘〉으로 이름 붙여 작가가 작품을 조각하지도 않으며 기존에 존재하는 오브제를 가져와 작가 자신이 새로운 의미를 부여하여 예술 작품이 될 수 있다는 것이 나에게는 신선하게 다가왔고 재밌게 느껴졌다. 현대 예술의 실제적인 쟁점은 무엇이고, 그것이 사회와 역사, 문화와 맺는 관계는 무엇인가와 같은 문제점들을 찾아내야만 했다.

그 동안의 나는 우물 안 개구리라는 것을 배낭여행을 통해 알게 되었다. 30일간의 일정 중 가장 좋았던 곳은 예술의 나라인 프랑스였다.

루브르 미술관, 퐁피두센터, 에펠 탑, 몽마르트 언덕 등 프랑스는 예술가의 나라다웠으며 평소에 좋아하는 피카소 미술관, 고흐의 생가로 알려진 오베르 쉬르 우아즈의 작은 교회, 모네정원, 베르사유 궁전이 좋았다.

4년 동안 일을 하며 힘들었던 지난 일들이 주마등처럼 스쳐 지나갔다. 열심히 산 나에게 주는 보상이라 그런지 너무 달콤했다. 목표를 설정하는 것도 좋지만, 목표를 실현한 내가 무언가 해낸 것 같아 대견스러웠고 어떤 일이든 성공할 수 있을 것 같았다.

여행을 끝내고 입국하자마자 운전면허도 땄다. 적극적으로 변해갔다.

여행을 통해 시간이 중요한 것을 알게 되었다. 그림을 하면서 안정적인 직업을 갖기 위해 학교 선생님이 되고자 사범대 편입하기 위해 입시미술학원에 등록하여 실기 준비를 했다. 화실의 3배가 넘는 수강료가 부담이 되었지만 대학 미술 실기를 위해 입시 미술을 따로 배워서 실기를 준비해야만 했다.

  그동안 내가 화실에서 배운 그림과는 연계가 되지 않았고 입시미술이란 시험을 처음부터 다시 배워야만 했다. 화실에서는 입체감을 위해 선을 없애기 위해 노력했다. 입시미술은 너무나도 많은 선을 강요했다. 고민 끝에 도전해야만 했고 내가 할 수 있는 것은 그것 빼고는 아무것도 없었다.

  다양한 형태를 표현하는 것은 괜찮지만 나의 느낌이 아닌 것을 표현해야 했기에 화가 나고 답답했다. 가슴이 터져버려 입시미술학원을 뛰쳐나가고 싶었다. 입시미술 실기를 하는 것을 포기해야 할 것 같았지만 몇 달을 고민 끝에 외워서 실기를 보기로 했다. 빛의 방향을 생각하면서 나의 느낌으로 그린 선과 사물의 질감, 양감, 형태를 따로 외워서 두 개를 합친 그림을 머릿속에 각인시켜 외우기 시작했다. 벼랑 끝에 서 있는 기분이었다.

실기시험을 보러 온 학교 시험장에는 사람들로 가득 찼다. 입시미술학원에서 알려준 정물이 나오지 않고 다른 정물이 나왔다. 편입시험을 보고 집에 가는 길은 너무도 춥고 서러움에 많은 눈물이 흘렀다. 몇 날 며칠을 외우고 또 외우며 연습했다. 꼭 합격해서 미술 선생님이 되고 싶었다. 나는 이해할 수 없는 일들을 쉽게 받아들이지 못하는 성격이기에 인내심의 한계가 왔다. 그림을 하지 말아야겠다고 다짐했다.

허무하게 실기 시험이 끝났다. 아무 곳도 아무것도 하고 싶지 않았다. 나는 화방에 들러 캔버스 10F(호)와 아크릴 물감 24색을 사서 밀레의 〈이삭 줍는 여인들〉이라는 작품을 남은 일주일 동안 완성을 했다. 그동안 했던 미술 재료는 상자에 넣어 다락방에 올려두었다.

그렇게 난 16년 전에 이상과 현실 앞에서 무너져 그림을 접어야만 했다. 입시미술에 대한 문제점으로 나처럼 억울한 사람이 있지 않게 교육행정직을 희망하며 행정고시 시험을 위해 서울 신림동 고시원에 들어갔다. 낮에는 일을 하면서 저녁에는 고시학원을 다니고 밤에는 독서실에 다니며 1년을 보냈다.

그런데 2004년 故노무현 대통령의 탄핵 소추안이 통과되었다는 뉴스가 나왔다. 충격을 받은 나는 고시 공부를 접어야 했다. 학벌사회에 기반한 선입견은 변하지 않을 것이란 현실을 받아들여야 했다. 하늘이 무너지는 기분인데도 이젠 눈물 한 방울조차 나오지 않았다. 고시원에 내가 좋아하는 반찬을 여러 개 만들어와서 고시원 냉장고에 채워준 막내언니에게 고맙고 미안했다.

나의 마음은 그림을 생각하니 또다시 뜨거워졌다. 예술은 나의 운명처럼 힘든 현실을 살아가는 나에게 오늘이란 기적을 주었다. 신이 주신 소중한 선물이다.

실패란 없으며 **교훈**만 있을 뿐이다

나는 실험에 실패할 때마다 성공을 향해 한 발짝 한 발짝 다가가고 있다고 생각했다.
실패 없는 성공은 없다. 실패의 교훈은 언젠가 자신에게 이익이 되어 돌아올 것이라 믿는다.

– 토머슨 에디슨 –

헬렌 켈러는 "삶은 모험을 빼면 아무것도 남지 않는다."고 했다.

그는 어렸을 때 시각과 청각을 잃고 힘든 장애를 극복하여 책과 강연으로 사람들에게 희망과 용기를 주었다. 장애가 있다고 좌절하지 않고 포기하지 않았다. 우리가 자신을 교육하고, 좋은 기회를 맞이하기 위해 준비하는 것은 당연한 의무이기도 하다. 삶의 목적과 목표를 이루기 위해 노력하는 일은 나의 소중한 삶에 더 큰 의미와 행복을 안겨준다. 어려움을 극복하고 자신을 이겨내야 한다.

나의 내면 깊은 곳에도 무언가 특별한 일을 훌륭하게 해낼 수 있다는 것을 깨닫게 되었다. 최대한 내가 좋아하고 잘하는 무언가를 찾아야 한다. 가치 있는 선물을 이 세상에 내놓아 세상을 더 따뜻한 곳으로 만들겠다고 다짐했다.

나는 힘들 때 〈세 얼간이〉라는 영화를 보았다.

주인공은 큰 문제에 부딪치면 가슴에 손을 얹고 습관적으로 "알 이즈 웰 !!" 'All is well, 모두 잘될 거야.'라고 주문을 외운다.

문제를 해결해나가기 위해 반복한 말이다. 돌이킬 수 없는 일이라면 지나간 과거로 돌아가 자신을 자책하고 속상해 할 게 아니다. 모든 일은 나에게 좋은 일이 되어줄 거라 믿고 현재에 집중하여 앞으로 나아가는 현명한 태도가 필요하다.

마음과 생각을 계속 문제 속에 머물러 있게 하는 것이 아니라, "알 이즈 웰"처럼 모두 잘될 거라고 생각하며 앞으로 더 나아가는 것이다.

내가 좋아하고 가슴을 뛰게 하는 일이 무엇인지 알고 있다는 건 중요하다. 방향을 잃고 지쳐서 멈춰 있는 나에게 앞으로 나아갈 수 있는 희망과 용기를 준다.

무조건 열심히 하는 것보다 올바른 것에 노력해야 한다. 마음의 안정감과 어떠한 일이든지 문제를 바라보는 사람이 중요하다. 문제를 기회로 만드는 사람도 있듯이 문제 해결 능력이 부족하여 작은 문제를 키워 더 큰 문제로 키우는 사람도 있다.

사람은 시간을 거치면서 가치관이 세워지고 신념이 만들어진다. 누군가를 알기 위해서는 그의 과거를 보면 알 수 있다. 과거는 현재와 미래를 비추는 거울이지만 바꿀 수 없는 과거가 아닌 현재를 살아야 한다. 많은 시행착오와 수백 번 포기하려고 했다. 뒤돌아보니 너무 먼 길을 걸어와 다시 되돌아가기가 어려웠고 앞으로 나아가지도 못하고 정체되어 있었다.

나는 힘들 때마다 영화를 봤다. 감동 있는 영화를 어떻게든 찾아서 보면서 감동을 받아 실컷 울고 나면 머릿속이 정리가 되어 상처받은 마음에 연고를 바른 듯 치료가 되는 느낌이 좋았다.

좋아하는 것들을 하며 끝까지 포기하지 않으면 성공은 자연스럽게 따라 오는 줄 알았다. 나의 불행은 이제 끝이고 행복만 남았다고 생각했다. 예술적 안목을 기르기 위해서는 눈과 귀의 감각을 열어 거들어줄 수 있는 생각이 뒷받침되어야 한다.

그림만을 위해 모든 것을 포기하고 앞만 보고 달리다 막다른 길에서 시련이 왔다. 그렇지만 그 시련은 나에게 또 다른 기회를 주었다. 나는 멈추지 않고 행동하였고 그 장애물을 뛰어넘어 높은 정상에서 아래를 보니 그곳에서 나의 길이 보였다. 모든 경험을 통해 매일매일 새롭게 태어날 수 있었다. 내가 가는 길이 옳은 방향인 줄 알고 갔다. 뒤늦게 잘못된 방향인 것을 알게 되었을 때 나는 실패자라고 생각했다.

그것도 잠시 나의 존재를 발견하게 도와준 것도 그림이었고 태어나 처음 비행기를 타고 유럽을 다니며 여러 미술관을 다닐 수 있게 세상 밖으로 나오게 해준 것도 그림이었다. 더 큰 세상으로 힘차게 날갯짓을 할 수 있게 해주었다.

사람은 고통에 빠져 있을 때는 현실을 분명하게 보기가 어렵다. 마치 뿌연 안개 속을 걷는 것과 같다. 오늘의 실패에 좌절하지 말아야 한다. 그것은 성장을 위한 과정일 뿐이다. 사람은 고난과 실수를 통해서 성장을 한다. 실패한 경험과 성공한 경험도 마찬가지다.

내가 원하는 것을 얻을 수 있을 때까지 다양한 형태로 찾아온다. 열심히 사는데도 항상 제자리에 있는 듯했고, 다양한 시련도 겪었다. 자기반성을 하면 불평불만으로 반복되는 상황에서 벗어날 수 있다.

지금 현재 힘들다면, 나만 힘들다고 불평하지 말고 성장하기 위해 나에게 이런 일이 일어나는 것이라고 받아들여야 한다. 새로운 시도는 계속 이어지고 사람은 고통의 크기만큼 아픈 실수를 통해 고통은 우리를 변화시킨다.

약간의 마음가짐 차이로 삶은 크게 달라진다. 실패는 반성을 하게 되며 더 완벽해져 점점 내가 원하는 것과 가까워지게 된다. 만약 실패하지 않는다면 무엇이 잘못되었는지 평생 알지 못하고 살아가며 행동은 실패와 성공이지만 실패가 두려워 아무것도 하지 않는다면 발전하는 나는 없다.

나는 얼마만큼 간절한지 생각해보았고 오늘 하루 내가 하는 습관들을 관찰하였다. 자세히 보면 그것은 나의 미래 인생을 진행시켜 가슴속으로 진정 원하고 바라는 것을 정확하게 보아야 한다. 실패와 교훈은 서로 연결되어 있다.

성공하고자 하는 욕망의 동기는 실패에 대한 두려움에 결국 영원한 성공과 실패는 없으며 무엇이 성공이고 실패인지는 스스로가 결정해야 한다. 세상이 만든 성공과 실패의 기준에 흔들릴 필요는 없다. 우리는 실패한 적이 없으며 매 순간 교훈을 얻었던 것이다.

가장 두려운 것은 누군가 정해놓은 성공과 실패의 기준에 맞춰 실패할 수 없는 삶이 두려운 것이다. 세상을 바꾸는 그 힘은 이미 내 안에 존재하고 있기에 실패해도 계속 도전하면 언젠가는 더 크게 성장해 있는 자신을 보게 될 것이다. 내일의 고통에 짓눌리고 마음의 상처를 받아도 모든 일에는 성공도 실패도 아닌 교훈만 있을 뿐이다.

한때, 지나온 나의 삶을 실패로 규정했던 모든 것은 나를 위한 과정이었다. 그 과정을 통해 삶의 지혜를 얻을 수 있었다. 인간의 근원적인 본질은 사랑이었다. 실패와 같은 시련과 고통들은 열매를 맺는 과정이며 새로운 변화를 위한 기폭제가 되었다.

당신의 평상시 생각과 마음가짐은 말로 표현된다. 곧 말은 행동으로 나타나고, 그 행동은 습관이 된다. 그런 습관은 당신 삶의 운명이 된다.

실패를 하지 않았다는 것은 도전하지 않는 삶으로 실패를 경험하지 못한 것이다. 실패의 경험에서 삶의 지혜를 얻을 수 있다. 나는 실패를 하나씩 경험함으로써 어제보다 나은 오늘의 나로 살아갈 수 있다. 실패는 누구나 하지만 그것을 성공의 시작점으로 보면 새로운 삶으로 바뀔 수 있다.

실패에서 배우는 것이 있다면 실패하지 않는 것이 인생에서 가장 큰 실패인 것이다. 인생을 살아가면서 많은 도전을 하게 된다. 그 과정에서 끝없이 시련과 실패를 반복한다. 어제의 실패로 오늘을 사는 당신에게 실패란 없으며 교훈만 있을 뿐이다.

05

좀 더 자주 **미소** 짓고, 소리 내어 **웃어보자**

웃어라, 그러면 세상도 그대와 함께 웃는다.
울어라, 그러면 그대 혼자 울게 된다.

- 엘라 윌러 윌콕스 -

미래는 자신의 꿈이 가치 있는 것임을 믿는 사람들의 것이다. 일상에 지쳐서 일상의 소중함을 잊고 살며 웃을 일이 있어야 웃는 것이 아닌 웃어야 웃을 일이 생긴다. 아이들은 몸이 즐거워야 웃지만, 어른이 되면 마음이 즐거워야 몸이 즐거워져서 웃게 된다고 한다. 그런데 몸을 먼저 웃게 하면 마음도 즐겁게 만들 수 있어서 마음이 힘든 사람들에게 웃음으로 치료하는 웃음 치료도 효과가 좋다고 알려져 있다. 웃음은 행복한 삶으로 가기 위해 마음의 여유를 만들어준다. 몇 년 전만 해도 가족여행 가서 사진을 찍으면 엄마는 웃지 않고 무표정한 얼굴을 하고 계셨다.

"엄마는 웃는 얼굴이 가장 예뻐요!"

"웃음이 나와야, 웃지…. 속상한데 어떻게 웃어!" 엄마는 걱정하는 표정으로 말씀하셨다.

"엄마, 웃으면 웃을 일이 생긴데요."

엄마의 웃는 얼굴이 보고 싶어 말씀드렸지만, 나조차도 마음상할 일이 있을 때 스위치처럼 감정을 쉽게 변화하기는 어렵다. 웃는 게 힘들다는 엄마를 보고 마음이 아팠다. 홀로 8남매를 키우시며 그만큼 삶의 여유 없이 살아오신 엄마에게 미안했고 좀 더 잘 해드려야겠다고 다짐했다. 나는 입시미술의 실패를 경험하고 2003년도에 행정고시를 준비하느라 신림동 고시원에서 생활했다. 낮에는 마트 일을 하고 저녁에는 행정고시 학원을 다니며 공부를 했다. 고시원에서의 생활은 나와의 싸움이었다. 사법연수원에 방문하여 합격한 선배님들을 만나 동기 부여를 받는 프로그램에 참석을 했었다. 선배님들은 사법연수원에 있는 큰 강당 위에 올라서서 자신감 있는 목소리로 말씀을 하셨다.

"안녕하세요. OOO대학교를 졸업한 사법연수생 OOO입니다!"

고시학원을 다닐 때 독서실, 운동을 다닐 때도 SKY 학생들이 많아서 기죽은 나는 잘 이겨낼 수 있을지 고민했다. 힘든 일을 겪고 어느덧 정든

신림동을 떠나려니 눈물이 났다. 갑자기 고시생에서 백수가 되어 더 마음 편히 쉴 수가 없었다. 가방을 메고 도서관에 가서 점심을 먹었다. 책을 읽어도 눈에 들어오지 않았다. 구겨진 마음의 일상을 억누르는 감정들을 책으로 달래보려 했다. 괴로워도 이를 '웃음'으로 승화시켜야 했다. 아무리 힘든 비극이라도 애써 긍정하거나 미래를 위한 희망을 바라지 않았다.

집에 쉬고 있는 내가 걱정이 되었는지 옆에 사는 넷째 언니는 새로 오픈한 백화점에 직원을 많이 뽑을 수도 있을 것 같다는 정보를 주었다. 불안정하게 자리를 잡지 못해 언니들에게 피해만 주는 것 같았다. 그래도 생활비는 벌어야 했다. 백화점 인사팀에서 간단한 면접을 봤는데 다음 날 인사과에서 문화센터로 출근을 해달라는 연락을 받았다.

그런데 한 번도 해보지 않은 일들이라 걱정되었다. 백화점 문화센터 안내데스크 업무는 많은 사람들을 만나 도움을 줘야 한다. 문화센터에서 하는 다양한 수업에 대해 고객들이 배울 수 있게 등록도 해주는 업무이다. 강의실도 정리하면서 수업에 대해 안내를 해주는 일이 뿌듯하고 보람되었다.

백화점에서는 직원들 서비스 교육을 자주하였다. 블랙 컨슈머(Black

Consumer)는 악성을 뜻하는 블랙과 소비자를 뜻하는 컨슈머의 합성신 조어로 악성 민원을 고의적으로 제기하는 소비자를 뜻한다. 고객서비스 평가표를 위해 서비스 매뉴얼대로 교육을 받는다. 시간이 흐를수록 나는 감정 노동자가 되어 거짓 웃음을 짓는 것 같았다.

그래도 점점 시간이 흐를수록 마음이 행복했다. 고객들에게 수업 내용에 대해 진솔하게 얘기를 해주니 좋아해주셨다. 행복하다고 생각하고 행동하니 실제로 행복해졌다. 우리의 생각은 행동을 하게 하지만 반대로 행동이 생각과 감정을 조절한다.

부정적인 현실에서 벗어나려고 회피하지 않으려 너무 애쓰지 않기로 했다. 그 현실을 따뜻한 마음으로 감싸줄 수 있는 진정한 나의 친구가 될 것이다. 두려움은 내 자신과 마주해야 벗어날 수 있다. 독립하지 못한다면 누군가에게 기대어 막연한 두려움에 살게 될 것이다. 삶의 무게로 힘들면 미소와 웃음으로 덜어낼 것이다.

그동안 나는 많은 시련을 통해 성장할 수 있었다. 배움을 통해 온전한 나의 존재로 떠오른 태양과도 같다. 가슴속에 벅찬 긍정적인 에너지를 나의 진정한 용기를 이끌어내는 기운과 이어줄 것이다. 부드러움으로 큰 문제들을 가볍게 받아들여 거친 파도가 아닌, 잔잔한 호수처럼 천천히 충만함으로 채워갈 것이다. 그리고 나라는 존재를 믿고 나아갈 것이다. 사람의 인생에서 감정을 두려움에 두지 않고 따뜻하게 끌어안아줄 것이다. 진짜로 행복하다고 생각하면 행복해져 세상이 다르게 보였다. 불행하다고 생각하면서 억지로 행복한 것이 아니었다.

불행도 행복도 마음먹기에 달린 것이다. 습관적으로 자주하는 생각들은 무의식과 상상의 세계를 넘어 우리의 삶이 된다. 가장 아름다운 하루를 선물해줄 것이다.

마틴 루터 킹은 말했다.

"무의미한 일은 없다. 인간성을 고양시키는 모든 일은 존엄하고 중요하며, 몸과 마음을 다해 열심히 그 일을 해야 한다. 만약 누군가에게 거리의 청소일이 맡겨졌다면, 그는 미켈란젤로가 그림을 그리듯, 베토벤이 음악을 만들 듯, 셰익스피어가 시를 쓰듯 그렇게 거리를 청소해야 한다. 하늘과 땅의 주인이 가던 길을 잠시 멈추고, '여기 자신의 일을 참으로 열심히 했던 한 훌륭한 청소부가 살았노라'라고 말할 수 있도록….."

어디선가 끊임없이 우리를 필요로 하는 것은 우리가 느끼는 내면의 즐거움일 것이다.

나는 전국에 같은 백화점 문화센터 직원들의 송년회에 참석했다. 처음 만난 상사분은 나이가 지긋하셨고 어린아이의 천진난만한 웃음에 온 세상을 다 가진 웃음과 미소를 갖고 계셨다. 그분의 웃는 모습을 나도 닮고 싶었다. 긍정적인 사고가 웃음을 낳지만, 반대로 웃음으로 긍정적인 사고를 유도한다. 아무리 어려운 역경이 와도 이겨낼 수 있는 강한 힘이 느껴졌다.

웃음은 자신감을 키워주고 일에 대한 열정을 갖게 해준다. 웃으면서 즐겁게 일하는 사람은 더 성공할 수 있는 것이다. 어른이 되어가면서 웃음을 잃고 살지만 꿈과 웃음이 사라지는 대신 단단해졌다. 성공한 사람들의 표정은 언제나 여유롭고 밝다. 그리고 낙관론자들이 많다는 것을 알 수 있다. 표정 또한 성공자처럼 오래된 습관의 결정체이다.

아무리 노력을 해도 안 될 때, 희망을 꿈꾸자. 어린아이처럼 천진난만하게 나의 꿈을 이룰 수 있다고 무조건 믿어야 한다. 인생은 불행한 일과 행복한 일의 반복이다. 괴로운 일이 있다면 좋았던 기억을 떠올려보자.

당신이 힘들다고 불행해 하지 말고 있는 그대로의 자신을 인정하고 사랑하는 것이 가장 중요하다. 인생의 답은 이미 당신 안에 있는 것이다.
당신이 원하는 것이 이미 이루어진 것처럼 느껴보고, 행복하고 편안한 마음을 갖도록 노력할 것이다. 마르크 샤갈은 "삶에서처럼 예술에서도 사랑에 뿌리를 두면 모든 일이 가능하다."고 말했다. 사랑하는 마음으로 좀 더 자주 미소 지어 웃어보면 좋은 에너지의 힘으로 나쁜 것은 멀어지게 되어 더욱더 행복할 것이다.

06

어제와 같은 **오늘**을 살지 마라

오늘이란 너무 평범한 날인 동시에
과거와 미래를 잇는 가장 소중한 시간이다.

- 괴테 -

어제와 똑같은 하루를 살지 않고, 오늘은 새롭게 하루를 시작하며 살고 싶다.

게으름을 피워 오늘 못한 것은 내일 꼭 하리라고 마음을 먹는다. 다음 날도 그다음 날도 계속 똑같이 반복되는 지겨운 삶이었다. 문제는 상황을 대하는 태도에 있었다. 어제 내가 한 행동들을 반성하며 오늘은 어제보다 더 발전할 것이다. 사람들은 현재에 아무것도 안하면서 미래에는 더 나은 삶이 되기를 희망하고 있다. 아무것도 하지 않으면 미래 또한 아무것도 바뀌지 않는다. 매일 하루하루를 어제와 똑같이 살지 않기 위해서는 자신을 믿어야 한다.

언젠가는 할 수 있다는 희망을 가져야 한다. 거울 속의 나를 보며 커다란 꿈만 꾸고 있는 나의 모습을 보았다. 왜 그렇게 어렵게 사는지 거울속 나에게 물었다. 생지옥에 산다는 것이 이런 기분이었을까? 그렇지만나에겐 꿈이 있었기에 지옥이 아닌 천국에 사는 기분이었다.

현재 발밑을 보면 어두운 그림자뿐이지만 하늘 위를 보면 작은 별빛이보였다. 어제와 같은 삶을 살지 않기 위해 회사일이 끝나면 아르바이트도 했다. 다른 일에 도전하고 싶었다. 많은 일을 해도 공허함은 계속되었다. 책을 읽으며 견뎌낼 수 있었다.

매일 반복되는 생활 속에서 가장 좋아하는 것으로 완전 무장해야 했다. 나를 지키기 위해서는 나만의 무기를 찾아야만 했다. 맨 먼저 나는어떤 사람인지, 무엇을 좋아하는지, 철학책, 전문 서적, 어린이 동화책등 손에 잡히는 대로 책을 읽었다. 차츰 직·간접경험들이 쌓이면서 내가 하고 싶은 목표들이 하나둘씩 없어졌고 또 새롭게 생겼다. 어제와 같은 삶을 살지 않기 위해서는 오늘이라는 시간을 잘 사용할 수밖에 없었다. 내 자신을 점검하고, 끊임없이 노력해야만 가능하다. 나의 인생을 멋지게 살 것이라고 다짐하며 힘든 일도 참을 수가 있었다. '하루를 즐겁게살다 보면 그 매일매일이 모여 한 달, 일 년 후라도 행복한 삶을 살 수 있는' 가치관이 생겼다. 대학 졸업을 한 후 나를 찾고 알아가는 삶을 위해 그림을 선택하였다. 나는 스스로 하고 싶은 일들을 찾아 나섰다.

영화감독님께서 하고 싶은 것을 놀이라고 생각하고 많이 해보는 것이 가장 중요하다고 말해주셨다. 영화에 대한 관심으로 영화와 책을 집중해서 보게 되었다. 일본 영화계의 거장인 구로사와 아키라의 〈7인의 사무라이〉와 〈라쇼몽〉이라는 영화를 극장에 혼자 가서 관람을 했다. 이와이 슌지의 〈4월 이야기〉는 봄의 아름다운 영화였다. 하루가 부족했다.

직접 영화에 대해 연출 공부도 하고 싶었다. 영화 연출에 대한 공부를 하였다. 하루가 계속 새로웠다. 어제와 다른 오늘을 살기 위해 내가 할 수 있는 것은 오늘 최선을 다해 사는 것이었다. 청소년 수련원 화재사건인 씨랜드에 대한 주제로 그 동안 저축한 500만 원으로 영화 아카데미 동기 스텝들과 셋째 언니의 6살 친조카와 함께 단편영화를 찍었다.

단편영화를 찍었는데 아무도 안 봐주면 어떡하지 하는 걱정은 내려놓기로 했다. 내일은 내일의 태양이 뜰 것이다.

나의 시선과 표현 방법으로 의미 있게 영화 필름에 나의 이야기를 담는다는 것은 즐거운 일이었다. 의미가 없는 세상을 사는 것이 아닌 카메라 렌즈 안에서 내가 어떻게 생각하고 보느냐에 따라 모든 것이 새롭게 보였다.

직장에서는 시간을 쪼개 더 알차게 보냈다. 작품을 가지고 서울 충무로에 가서 영상 편집을 배우고 직접해보니 영화의 제작 과정이 힘든 만큼 보람되었다. 하지만 안정적인 직장이 되기엔 현실에 많이 부딪혔다. 고민을 했다. 또 다시 정해진 울타리 안에서 똑같은 일상을 반복하며 살아가고 있지만, 늘 변함없이 똑같은 하루는 없다.

다른 사람이 보는 나는 중요하지 않다. 무엇이든 해보기 전에는 알 수가 없다. 예술가들은 자기와 다른 사람들의 '다름'을 껴안고 무한한 자신만의 시선으로 조금씩 확장해간다.

좀 더 서로를 배려하고 존중하는 따뜻한 사회를 상상하면 기분이 좋다. 나를 인정하고 받아들이는 다양한 시도가 되어 단편영화를 찍어 완성하였고 배운 모든 시도들이 나에게는 멋진 모험이었다. 나의 삶을 따뜻하게 안아주던 사람들과 영화라는 작업을 통해 시선과 속도를 맞춰가는 것을 배웠다.

내면을 당당하게 새로운 배움과 경험으로 오늘을 더 멋지게 살 것이다. 살면서 어떠한 경험을 했느냐는 중요하지 않다. 그 경험으로 자신이 얼마나 성장했느냐가 중요하다. 경험에서 배운 것이 없다면 과거와 똑같은 현재를 살고 있을 것이다. 나의 생각과 행동으로 이루어지는 오늘이란 내 행동이 변하지 않으면 어제와 같은 오늘을 보낼 수밖에 없다.

도전을 하는 이유는 성공하기보다 성장하는 삶을 위해서이다. '성공'은 과정보다는 결과가 중요하고 '성장'은 과정을 중요시한다. 사람은 잘하는 일보다 좋아하는 일을 선택해야 한다. 좋아하는 것은 그 일을 잘해내기 위해 꾸준하게 노력한다. 끝까지 노력을 할 수 있는 것에 집중을 해야 한다. 어제보다 오늘은 성장하기에 가장 행복한 시간이다.

모든 경험을 과정으로 보고 오늘을 충실하게 살아가야 한다. 자신의 행복은 타인이 아니라 자신만이 지킬 수 있다. 같은 하루를 사는 사람은 변화 없이 반복하며 살아간다. 분명 어제와 오늘은 다른데도 어제와 같은 사람으로 살아간다. 어제와 똑같은 생각으로 행동으로 똑같은 안경을 쓰고 세상을 바라본다.

어제와 같은 오늘을 보내면서 더 나은 내일이 오기를 바라지 말자. 극작가 스포클래스는 '네가 헛되이 보낸 오늘은 어제 죽은 이가 그토록 그리던 내일이다'라고 했다. 모든 사람은 언젠가는 죽는다. 언젠가 죽는 사실을 아는 사람은 오늘을 충실하게 살아간다.

어제보다 더 나은 오늘을 만들기 위해 행동을 해야 한다. 아침에 눈을 뜨면 주변을 살피고 기분 좋은 일을 한 가지씩 찾아보며 실천하는 것도 좋은 방법이다. 매일매일 하나씩 실천하다 보면 자신이 원하는 대로 살 수가 있다. 어제처럼 같은 날이 반복되는 것이 아니라 일상이 새로운 오늘을 만나게 될 것이다.

지루한 하루가 또 지나가는 것에서 벗어나려면 내가 오늘을 잘 보내야 한다. 나의 소중한 삶의 의미를 찾기 위해 노력해야한다. 세상은 넓고 나보다 잘난 사람은 많다. 한없이 내가 작아지기도 한다. 하지만 내 마음속 욕망보다도 더 소중한 나를 잃지 말아야 한다. 내가 성공을 하는 것은 관심이 없다. 나는 오늘을 뿌듯하게 살아가는 과정에서 행복을 느낀다.

행복하기 때문에 하고 싶은 일을 하는 것이 아니다. 하고 싶은 것을 할 수 있기 때문에 행복한 것이다. 어제와 다른 오늘을 살자. 오늘은 신이 주신 선물이며, 가장 소중한 시간이다.

07

지옥과 천국은 한 끗 차이다

사랑하는 것은 천국을
살짝 엿보는 것이다.

- 카렌선드 -

인생은 선택의 반복이며 연속이다. 여러 선택의 과정들을 겪었지만 원하는 대로 된 것이 아무것도 없다. 그렇다고 아무것도 선택하지 않은 건아니었다. 내가 선택을 하지 않는 것도 선택이 되었다. 내가 바라는 대로되면 세상은 천국 같고, 내가 바라는 대로 안 되면 지옥과도 같았다. 그러나 감정이 아닌 이성적으로 보면 좋을 것도 나쁠 것도 없다. 생각이 바뀌고 마음이 변하는 것뿐이었다. 같은 것을 봐도 어떻게 보느냐에 따라달라지는 것이다. 원하는 대로 이루었지만 시간이 지나고 보면 실패가된 경우가 있다. 처음보다 시간이 지나고 나면 더 잘된 모습이 된다.

초현실주의 화가 살바도르 달리와 르네 마그리트의 작품세계는 기발

한 발상으로 절대 바뀌지 않을 것 같은 고정관념을 초월했다. 인간의 내면에 있는 경험과 무의식, 상상의 세계를 표현하는 살바도르 달리의 난해한 작품을 보면서 '나다움'을 찾지 못하는 슬픈 내 자신을 보는 것 같았다. 알 수 없는 불안감에 휩싸여 쫓기듯 현실은 지옥이 되었다.

우리는 자신의 능력을 실현하여 세상에 흔적을 남긴 사람들을 보며 우리도 그들처럼 훌륭하게 해낼 수 있다고 희망을 얻는다. 다만 자신이 가지고 있는 것으로, 자신의 능력을 발휘하면서 살아간다. 가치 있는 선물을 세상에 내놓지만 자신보다 더 가치 있는 것은 그 어디에도 없다.

재능을 찾아 교육하기 위해 악기도 배워보고 메이크업 학원도, 요리학원, 간호사학원도 알아보았다. 기타를 배우다 손가락이 너무 아파 그만두고, 메이크업 학원은 재미를 느낄 수가 없었다. 요리학원은 요리하는 즐거움을 크게 느끼지 못했으며 간호사학원은 주사바늘이 무서워 결국 포기하게 되었다.

절망하던 나는 책을 읽으면서 조금씩 빛이 보이기 시작했다. 현실의 나와 미래의 내가 너무 차이가 컸기에 괴로운 감정은 나를 힘들게 했다. 희망 없이 이대로 계속 산다는 것은 끔찍할 만큼 싫었다. 사람이 아닌 로봇 또는 인형이라는 말로 스스로에게 최면을 걸어야만 버틸 수가 있었다. 하루하루가 생기가 넘쳤고 좁은 물에서 큰 물고기가 힘차게 튀어 오르듯 힘이 생겼다. 몸과 마음이 가벼워져 마음이 안정된 상태였다.

추운 겨울날 퇴근을 하고 화실을 향해 걸어갔다. 화실에 도착해 따뜻한 차를 마시는데 라디오에서 조성모의 '가시나무새'라는 노랫소리가 들려왔다.

'내속엔 내가 너무도 많아 당신의 쉴 곳 없네. 내속엔 헛된 바램들로 당신의 편할 곳 없네.
내속엔 내가 어쩔 수 없는 어둠. 당신의 쉴 자리 뺏고 내속엔 내가 이길 수 없는 슬픔. 무성한 가시나무 숲 같네.'

'가시나무새'의 노래가사가 나의 마음을 대변해주고 있었다. 정말 내속엔 내가 너무도 많은데 진정으로 또 다른 나는 쉴 수가 없다는 가사가 내 마음을 치유해주고 따뜻하게 감싸 안아주고 있었다.

하루를 멋진 작품처럼 가치 있게 살고 싶다. 잠재력과 개성을 가진 사람은 이 세상에 어디에도 없는 열정과 꿈, 경험과 고통을 끌어안고 산다. 하는 일은 사소하고 보잘 것 없어 보일 수도 있지만, 작은 것 하나하나가 모여 최고의 작품으로 만들어주는 삶일 것이다. 해야 할 일을 하지 않고 생각만 하고 있거나 계속 반성만 하여 시간을 버리지 말아야 한다. 우리 자신을 어떻게 알 수 있을까? 그것은 생각을 통해서가 아니라 행동을 통해서 알 수 있다. 괴테는 자신에게 주어진 일을 하면 자신이 누구인지 금방 알게 된다고 말했다.

자신을 찾아가는 과정에서 확신을 할 수 없다 할지라도, 우리 앞에 주어진 기회를 행동하면서 실수와 교훈을 통해 성장해가면 어느새 자신도 모르게 더 많이 발전한 자신과 마주하게 될 것이다.

'손은 부러져도 일을 하지만, 마음이 부서지면 아무것도 하지 못한다'라는 속담이 있듯이, 우리들 마음속에 다양한 감정들을 무시하지 말고 따뜻한 손길로 달래줘야 할 사람은 자신이다. 감정은 자석과도 같다. 오직 자신만이 감정을 선택할 수 있다. 당신의 시간과 에너지로 삶의 목표를 위해 집중할 수 있도록 당신의 삶을 단순화시켜야 한다.

잡다한 일을 잘라내고 중요한 일에 모든 에너지를 집중해야 한다. 남들처럼 성공하려 하지 말고 자신이 무엇을 원하는가가 중요하다. 동양의 철학자 노자는 '자기를 아는 것이 가장 지혜롭다'고 말했다. 부족한 점을 인정하니 기적처럼 행복이 찾아왔다. 나를 만든 것은 누구인가? 라는 질문에 책, 그리고 그림이라고 말할 수 있다.

비록 현실은 행복해지기 위해 나를 바꾸는 것보다 자신을 있는 그대로 받아들이며 산다. 소중한 자신을 억누르는 가면을 쓰고 있으면 그 가면에 맞는 사람들이 모여든다. 상대방을 우선으로 두지 말고 솔직한 자신을 표현한다면 나에게 맞는 사람들이 모일 것이다. 흐르는 물처럼 흘려보내주어야만 한다. 우리는 왜 그래야 하는지 모르고 늘, 바쁘게, 열심히, 다람쥐 쳇바퀴 돌듯 일상을 살아가고 있다. 우리가 존재하는 이유는 즐겁고, 재밌게 현재를 즐기며 살기 위한 것이다.

10개국을 대상으로 한 실험에서 '세상에서 가장 행복한 사람은 누구인가?'라는 질문에 다른 나라에서는 '나 자신'이란 대답이 많았지만, 한국은 '빌 게이츠'라는 대답이 많았다고 한다. 한국 사람은 행복을 정하는 기준은 돈이라고 생각한다는 것이다. 우리가 행복을 누리지 못하는 이유는 지나간 과거에 너무 연연해하면서 오지 않을 장밋빛 미래만을 꿈꾸며 현재를 즐기지 못하기 때문이다.

코로나가 발생하기 두 달 전 친한 지인과 부부 동반으로 베트남 '푸꾸옥'으로 여행을 갔었다. 모두 전문 직업이라 평일에는 일에 매여 정신없이 바쁘게 살다가 휴식을 위해 여행을 다녀온 것이다. 여행으로 힘든 일상을 벗어날 수 있었다. 그렇게 충전을 하고 오면 지옥 같은 일상이 천국이 되어 일상의 소중함을 깨닫게 된다. 이제는 코로나로 여행이 참 어렵게 되었다. 국내 여행도 어렵다. 해외여행은 더더욱 어려워졌다. 여행지에서 느껴보는 새로운 장소와 공기, 다양한 풍경들은 우리의 지친 영혼을 위로해준다. 여행의 잔상들은 나만의 방에 고요하게 머물러 있다. 코로나가 없어지는 날을 기다려본다.

지옥과 천국은 마음 하나로 바뀔 수 있다. 나쁜 감정은 나쁘게 커지고, 좋은 감정은 점점 좋은 감정으로 커진다. 자신의 마음을 스스로 통제하고 조절해야 한다.

아무리 지옥 같아도 현재는 천국이다. 나쁜 감정이 되어 화를 내는 이유도 남들이 나를 알아봐주지 않으니 점점 더 화가 되어 내 감정을 표출하게 되는 것처럼 마음을 편하게 해야 한다. 내 자신을 스스로 돌봐야 한다는 무게감에 사소한 감정들이 쌓여 중요한 일들로 점점 커진다. 당신의 삶이 원하는 방향대로 행복을 향해 나아갈 것이다. 지옥과 천국은 내 마음속에 항상 있으며 마음 하나로 모든 것이 달라진다. 자신을 미워하는 마음이 아닌 사랑하는 마음으로 산다면 지옥이 아닌 천국에 사는 것이다.

08

당신이 바뀌면 온 **세상**이 바뀐다

아무것도 당신이 자신의 분야에서 최고가 되는 것을 막을 수 없다.
당신 자신만 빼고는.

– 브라이언 트레이시 –

내가 세상을 바꿀 수는 없지만 나는 바꿀 수가 있다. 내가 바뀌면 세상
이 바뀐다. 어릴 때는 세상을 바꾸는 것이 나를 바꾸는 것보다 더 쉬운
줄 알았다.

어제와 다른 오늘을 그리고 더 나은 미래를 위해 살아가야 한다. 가진
것이 없어도 존재만으로도 세상 전부를 가진 것이다.

세상을 통틀어 모든 사람은 태어날 때 시간과 수명을 갖고 태어난다.
'사는 대로 생각하는 사람'인가? 아니면 '생각하면서 사는 사람'인가? 사

람은 생각대로 된다. 혹시라도 나의 부정적인 생각이 현실로 될까 봐 두려웠다.

처음에는 행복한 삶을 위해 책 읽는 습관을 갖기를 원했다. 독서를 통해 나의 일상을 객관적으로 들여다볼 수 있게 되었다. 그리고 하나씩 나쁜 습관들을 하지 않으려면 내가 정말 좋아하는 습관을 만나야만 가능할 것이다. 취미로 책을 보는 것을 즐거워했지만 나의 결심은 항상 작심삼일로 그쳤다.

작심삼일에 그친 나를 미워하면서 역시 내가 그럴 줄 알았다고 거울 속의 나에게 비난을 퍼부었다. 그 비난이 더 이상 아무렇지 않은 시점은 나의 마음이 단단해졌을 때였다.

책과 친해지기 위해 흥미 위주로 보다가 만화책을 보기도 했다. 그리고 관심 있는 영화와 요리책을 읽었다. 그것이 점점 확대되어 자기계발서와 전문서적 등을 보게 되었다.

내가 바뀌면 세상이 바뀐다. 그래서 진정으로 바꾸고 싶었다. 평소에 마음만 먹고 실천하지 않은 것 중에 메모하기, 출근 전 책 읽기, 다이어트, 운동하기, 영어 공부, 집중하기 등 좋은 습관을 만들고자 노력했다.

좋은 습관이 생기게 되어 성공의 좋은 기운들이 나의 주위에 맴도는 느낌이 든다. 책 속에 저자의 생각과 나의 생각을 비교하면서 내가 변화되어가는 것을 즐기게 되었다.

독서를 하면서 흥미로운 분야를 찾은 것은 행복이다. 나의 강한 신념으로 가만히 앉아서 긴 시간을 집중하며 앉아 있는 자신을 발견하게 되었다. 인내심을 발휘하여 책을 읽는 습관 목록이 저장되게 해달라고 기도를 했다.

좋아하는 것도 잘하는 것 못지않게 재능이다. 인간, 감정, 두뇌, 예술, 마음 등의 책을 보며 나를 변화시키고자 노력했다. 원하는 목표를 이룰 수 있었다. 세상은 나의 관점에서 시작하여 자신의 운명을 스스로 창조하는 존재이다.

미래를 결정하는 것도 다른 사람이 아니라 나를 삶의 중심에 두어야 한다. 그렇다면 나는 무엇에 집중하고 무엇에 몰입하는 사람인가?

미래에 대한 불안을 버리고 당신의 행복을 위해 더 이상 타인의 평가에 연연하지 말아야 한다. 자신이 진짜 원하는 것이 무엇인지 내 삶을 평가할 수 있는 사람은 오직 나뿐이다. 자신을 변화하고 싶다면 내 자신이 현재 어느 지점에 있는지 알아야 한다. 그리고 내면의 힘에 대해 알고 있어야 사소하고 작은 것에도 감사할 수 있게 된다.

세상을 아름답고 행복하게 바라본다면 세상은 나를 아름답고 행복하게 만들어줄 것이다. 자신의 현재 상태를 인식하여 말과 느낌과 행동들이 바뀌면 나를 둘러싼 세상도 바뀌어 응답해준다.

컵에 '물이 반이나 있다'라고 생각하는 사람은 물이 반이나 있으니 있는 것만이라도 만족한다고 생각하여 '긍정' 행동을 만들어낸다. '물이 반밖에 없다'라고 생각하는 사람은 '물이 반뿐이라 부족해'라는 생각에 맞게 '부정' 행동을 만들어낸다.

우리는 자신이 가진 것에 집중하여야 한다. 어떻게 바라보고 해석하느냐가 중요하다. 그리고 의지와 믿음이 환경을 지배한다. 환경은 바꿀 수 없다. 내가 바뀌면 세상이 바뀌고 꿈꾸는 미래는 나의 현실이 된다.

책 읽기를 통해 나는 메모하는 생활 습관을 갖게 됐다. 반복하는 실수를 줄이려면 어떻게 해야 하는지 고민을 했던 나는, 메모를 매일 하는 것이 훌륭한 전략이 될 수 있다는 것을 알게 되었다.
짧은 메모지만 나의 감정 상태를 알 수가 있고 일어난 상황을 주관적이 아닌 객관적인 시선으로 바라볼 수 있다. 현재는 과거 습관의 결정체이다. 나의 흔들리지 않는 신념을 펜으로 쓰는 메시지는 잠재의식 속에 저장될 것이다.

독서는 생각들을 정리해주고 상처받은 마음에 안정감을 준다. 머릿속은 보이지 않지만 큰 기계가 돌아가는 것처럼 미리 계획을 만든다. 시작도 해보기 전에 생각에서 끝내는 일들이 줄어들었다. 실행으로 옮기는 것은 많은 감정들과 다양한 경험들이 쌓여 내가 조금씩 변하게 된다. 눈에 보이지 않는 힘이 느껴진다.

삶의 모든 문제들은 내가 삶의 주인인지 손님인지에 따라 분명해지기 시작한다. 당신은 행복하기 위해 태어난 귀한 존재이다. 한 번뿐인 소중한 내 인생에 선택하고 집중해야 원하는 것을 얻을 수 있다. 그리고 그것을 믿는 사람만이 원하는 것을 얻을 수 있다.

다른 사람들에게 존중받기 위해서는 기존의 자신을 버려야 한다. 현실이 초라해도 스스로 달라져야 소중한 사람이된다. 이 세상에 나와 같은 사람은 어디에도 없다. 세상에 단 하나뿐인 사실만으로도 이 세상의 주인은 자기 자신이다.

꿈은 내가 움직인 만큼 더 가까이에 다가간다. 아무리 훌륭한 계획이라도 실천에 옮기지 않으면 소용이 없다. 억눌린 나의 감정에게 기분이 어떠냐고 질문을 해준 사람은 없었지만 이젠 내 스스로가 나에게 질문을 하고 답해본다.

더 이상 꾹 참으며 아무렇지 않은 척 연기하며 살고 싶지 않다. 기쁨과 긍정적인 감정들뿐만 아니라, 부정적인 분노의 감정들도 그대로 받아들일 줄 알아야 정신적으로 더 건강해지는 것이다. 그리고 그런 감정이 된 원인을 탐정 놀이하듯 감정에 솔직해져야 한다.

스스로를 비춰보면서 현재 나의 솔직한 감정을 알아차릴 수가 있다. 너무도 바쁘게 살아오느라 잃어버린 자아를 잠시 지나가는 세상 속도와 맞출 수 있도록 한다.

우리는 삶의 주체이며 주인공이다. 희망 없이 현실을 도망치면 이젠 더 이상 바뀌지 않는다. 이젠 세상은 언젠가는 바뀔게 될 것이라고 희망 고문을 멈출 수 있어야 한다.

마음은 눈으로 보이지 않지만 그 마음을 표현하면 마음은 눈앞에 보이는 거울이 된다. 자신을 바꿔 새롭게 다시 태어나야 한다. 고단하고 힘든 삶과 상처받은 마음을 책 읽기로 나의 내면을 확인하면서 강해져야 한다.

스페인 철학자 발타자르 그라시안은 이렇게 말했다.

"세상은 그대의 의지에 따라 그 모습이 변한다. 같은 상황에서도 어떤 사람은 절망하고, 어떤 사람은 여유 있는 마음으로 행복을 즐긴다."

이 세상 모든 것은 마음이 만들어낸 창조물이다. 우리 마음은 모두 연결되어 있으며, 내가 바뀌면 세상도 바뀌는 것이다.

09

다른 사람의 시선에서 **자유**로워져라

타인의 시선에 자유로워져라. 남의 마음에 드는지 어떤지를
문제 삼지 않는 사람이 세상에서 성공할 수 있다.

− G.킨켈 −

다른 사람의 신경을 쓰면서 소중한 시간을 보내는 이유는 무엇 때문인가? 나를 뺀 타인은 완벽하다고 생각해서인가? 멋대로 타인에게 기대하고 실망을 하고 상처를 받는다. 타인의 기대를 만족시키려고 태어난 것이 아니다.

타인은 나를 잘 모른다. 인간의 마음에는 모순들이 있음을 긴 시간을 통해 알게 되었다. 나만이 피해자인 것처럼 남과 비교를 통해 점점 작아진다. 현대인들은 과도한 스트레스로 정신적인 질병도 많은 것이 현실이다.

무언가에 집착을 하거나 일상생활에서 정상적이지 않은 행동들을 우리는 증후군이라고 말한다. 누군가 내 에너지를 먹어서 더 이상 무언가를 할 의욕도 힘도 없이 앉아 멍하니 창가만 바라본다. 혹시 내가 겪는 것이 마음의 탈진, 번 아웃 증후군이 아닐까 하는 조바심 속에서도 에너지를 퍼부었다가 내가 통제할 수 없는 상황이 오는 것이 두렵다.

좋아하는 일에 모든 에너지를 탕진해 정작 나의 삶을 위해 쓸 수 있는 기운이 남아 있지 않은 상태가 몇 번 온 적이 있었다. 밥 먹는 것도 귀찮고 아무것도 하기 싫어 죽지 못해 사는 것 같이 인생 낙오자가 된 기분으로 하루하루를 버텨야만 했다. 인생이란 100미터 전력질주가 아니다. 마라톤을 완주한다는 생각으로 적절한 휴식도 필요하다.

하고 싶은 것들을 하면서 나의 내면을 들여다보기 시작했다. 어두운 긴 터널 속에서 벗어난 것 같았지만 내 인생인데 나조차도 자유롭지 못하며 살아가야 했다. 지금 생각해보니 타인의 시선에서 자유롭지 못하고 길을 잃은 상태였다.

직업은 소중한 자신의 가치를 보여주지만 그것이 오히려 더 독이 되어 자신을 갉아먹는다. 모든 에너지를 쏟지 말아야 한다. 팍팍한 삶에 자신을 외면하지 않기 위하여 지금 나에게 집중한다. 타인의 시선 때문에 방황하지 말고 친 나를 아껴주어야 한다.

심리적으로 불안하고 방황하는 사춘기 시절에는 가족들이 나를 미워한다는 오해도 했다. 가족들이 원하니까 맞춰 살지만 깊은 내면에는 다른 나를 발견한다. 균형 잡히지 않은 나의 관점으로 옷 하나를 골라도 결국, 내 맘에 들지 않는 물건들만 잔뜩 구석에 쌓아놓았다. 경쟁은 노력을 하면 어느 정도 성과를 얻을 수 있지만, 진정 내가 원하는 것이 맞는지 의구심이 들었다.

어른이 되어도 점점 타인의 시선에서 자유롭지 못하였다. 그들의 시선은 시선일 뿐이라고 중요하지 않다는 것을 알면서도 무의식적으로 의식하며 같은 패턴을 유지한다.

실제로 코넬대학교의 토머스 길로 비치 교수가 실험한 결과가 있다. 그는 실험에서 한 학생에게 우스꽝스러운 모양의 티셔츠를 입혀 수업을 듣게 했다고 한다. 학생은 50~60%의 학생들이 자신을 기억할 것이라고 생각했지만, 실제로 그 학생을 기억한 사람은 23% 정도였다. 무대에서 조명을 받는 주인공처럼 다른 사람들이 자신에게 관심을 보이고 있다고 생각하는 것을 심리학 용어로 조명 효과(Spotlight Effect)라고 하는데, 특히 스트레스와 자존감이 낮은 사람들에게 많이 나타나는 증상이라고 한다.

아담하고 키 작은 내가 마음에 들지 않아 굽이 높은 하이힐만을 고집하며 신고 다녔다. 약간의 단점을 보완하는 정도를 지나쳐 이젠 나도 괜찮은 사람이야 하고 틀 속에 기준을 만들었다. 행복과 자유를 얻기 위해 변명만 하느라 내 자신을 있는 그대로 바라보지 못했다. 인정받지 못한 마음이 비집고 들어와 빈자리를 채웠다. 진정 원하는 것이 무엇인지 세상을 이해하고 사랑하게 되는 과정이 되었다.

나는 남에게 평가받는 것이 중요하다고 생각했다. 타인에게 칭찬과 인정을 받지 않아도 내가 원하는 것을 해야 성취감도 생겨서 가장 행복한 삶을 살 수가 있다. 누군가가 정해놓은 것에 맞춰 사는 것이 아니라 행복한 삶은 나를 위한 것이어야 한다.

우리 부부는 처음부터 딩크족은 아니었다. 딩크족을 원했던 건 아닌데 노력을 해도 아이가 생기지 않아 저절로 딩크족이 되었다. 조금이라도 더 안정된 생활 속에서 아이를 키우고 싶었다. 내 집 마련하는 것을 이룬 후에 자녀를 갖기 위한 노력들을 했다. 인공수정과 시험관 등을 포함한 의학의 힘은 내 뜻대로 쉽게 이루어지지 않았다. 잦은 실패로 기대조차 할 수 없게 되어 자녀에 대한 마음을 비웠는데 어느 날 자연 임신이 되었다. 우리 부부는 온 세상을 다 가진 것처럼 행복했다. 엄마 아빠가 된다는 즐거움에 기쁨을 주체할 수가 없었다.

하지만 행복도 잠시, 유산으로 아이를 지켜주지 못한 죄책감과 신랑에게도 미안한 감정이 들었다. 괴로움으로 불면증과 우울증에 시달렸다. 새벽마다 알 수 없는 눈물로 밤을 지새운 나에게 신랑은 우리 둘이 행복하게 잘살자고 위로해주었다. 곁에 신랑이 있어서 조금씩 이겨낼 수 있었다. 타인의 시선에서 자유로워지기로 했다. 우리는 다 소중한 존재이다.

누구든지 마음의 상처는 쉽게 아물지 않는다. 우울증이 심해지기 전에 고양이 한 마리를 동물병원에서 분양을 받아 자식처럼 키웠다. 사랑으로 보살펴주게 되면서 한 가족이 되었다. 주변에서는 왜 아직 아이가 없냐며 고양이를 키우지 말고 아이를 키워야 하지 않겠냐고 조심스럽게 말해주었다. 때로는 우리가 고양이를 키우고 싶어서 아이를 갖지 않는 사람처럼 비춰지는 것 같았다.

비교를 떠나 스스로 자유로워지기까지 10년이 넘게 걸렸다. 모든 것이 그대로 자연스럽고 아름답다.

더 이상 우리를 위한 말이 아닌 말하는 사람을 위한 말을 들어줘야 한다. 꼬인 감정들을 안고 살기 싫다면 타인의 시선에서 자유로워져야 한다.

말로 다할 수 없는 고충을 이겨내고 넘어서야 진정한 자유를 얻을 수 있게 되었다.

덴마크 철학자 쇠렌 키르케고르는 170년 전에 이런 말을 남겼다. "비교는 행복의 끝이고 불행의 시작이다."

불행의 반대말은 '비교하기'이다. 잘못된 일들과 성공을 이룬 경쟁자와 비교를 하고 시기, 질투를 통해 불안감이 높아진다. 자신감이 바닥을 치게 되면서 타인의 멋진 인생을 부러움으로 바라만 본다. 비교를 통해 인생의 주인공이 아닌 희생자로 전락한다.

세상이라는 무대에서 서로가 얽히며 살아간다. 인간은 특별한 자신이 가진 고유한 특성을 받아들이지 못해 거부하고 무시하는 것이다.

현대인은 무한경쟁으로 자신을 위한 여유와 휴식은 늘 후순위로 밀린 상태로 자신과의 깊은 대화를 회피하게 된다. 직장 안에서 나보다 더 남을 위해 살아가게 된다. 현재 나는 무엇을 느끼고 있는지를 잘 살피고 들여다보며 돌봐줘야 한다.

타인과의 경쟁 속도전에서 벗어나 자신을 더 사랑하고 배려하는 마음으로 목표를 달성할 수 있다. 경쟁에서 자신을 평가하고 판단하지 않도록 정성을 다하고 열정을 다해 지켜내야 한다. 세상이라는 무대에서도 당당하게 자신을 현실의 모순 앞에서 부정하는 것을 멈출 수 있다. 한국인들은 패션에 관심이 많은 반면 입는 옷은 거의 똑같아 보인다. 우리는 다른 사람이 무엇을 입었는지가 더 궁금한 것이다. 남의 시선은 중요하지 않다. 여유를 갖고 나를 위한 삶을 추구하는 것이 진정으로 행복한 삶이다.

오늘은 기적이고 선물입니다

3장

운을 끌어당기는
'긍정의 힘'을
선택하라

행복을 좇지 말고 행복을 **선택**하라

어리석은 자는 멀리서 행복을 찾고,
현명한 자는 자신의 발치에서 행복을 키워간다.

─ 제임스 오펜하임 ─

어떠한 일이 있어도 나의 신념은 흔들림 없이 확실하게 믿어야 한다. 노력은 오로지 나에게 던져진 과제였지만 그에 따른 노력의 결과는 하늘이 정해주는 것이다. 어렸을 때 읽은 마테를링크가 쓴 〈파랑새〉라는 유명한 희곡에서는 두 남매가 꿈속에서 나타난 요술쟁이 할머니가 파랑새를 찾아 달라고 하여 행복의 파랑새를 찾아 멀리 여행을 떠나는 이야기이다. 행복은 멀리에서 찾지 못하고 자기 집 문에 매달린 새장 안에서 그 행복을 뜻하는 파랑새를 찾게 된다.

파랑새는 행복이 무엇인지 가짜 행복을 놓아주고 진짜 행복을 찾으라고 말해주었고 먼 곳에 있는 것이 아니라 늘 가까운 곳에 있다는 것을 깨닫게 되었다. 파랑새의 이야기처럼 나는 행복해지고 싶어서 결혼을 선택했고 나 혼자보다는 둘이서 잘 살고 싶었다. '혼자는 외롭지만 둘이는 괴롭다'라는 글의 뜻을 조금은 이해할 수 있었다.

꿈은 현실에서 멀리 떨어져 불행과 행복이라는 경계에 있다. 내가 부족한 부분과 내가 갖지 못한 것을 넘치게 갖고 있는 타인만을 골라내어 나랑 비교하면서 너무 베일에 가려지지 않게만 살면 그만이었다. 네 명의 친언니들이 결혼을 하였고 가정을 이루고 예쁜 조카들을 낳고 열심히 사는 것을 일찍부터 접해보며 누군가를 키운다는 것은 쉬운 일이 아님을 알았다. 누군가의 아내이자 며느리로서 결혼생활을 의무감과 책임감으로 지켜가고 있었다.

내가 갖지 못한 것을 바라보며 괴로웠다. 우리는 선택되어진 삶에서 만족하고 행복해하며 기쁨을 주는 소중한 존재이다.

행복도 어떻게 해석하느냐가 중요하다. 불행을 겪었기에 행복을 알고 행복을 겪었기에 불행을 안다. 행복을 볼 수 있는 눈을 키울 수 있어야 행복을 좇지 않고 행복을 선택하며 살 수 있다.
변화 속에서 홀로 정체되거나 고립되지 않기 위해 끊임없이 경쟁하며 사회 흐름에 맞춰 적응해야 한다. 균형을 잡으며 사회가 바라는 요구에 알면서도 지배당해야만 살아갈 수 있다. 사회에서 적응하지 못하면 실패자가 될 수밖에 없다. 자신의 의지와는 상관없이 남들의 호감을 사려 하고 인정을 받아야만 그 가치를 느낀다는 것에 희열감을 느낀다.

사회라는 집단에서는 다른 자신의 모습이 '다른 것'이 아닌 '틀린 것'으로 여겨지기도 한다. 사회의 기준에 맞추어 자기 삶의 주체가 되지 못한다. 본인만의 다른 점이 두려워 집단에 의해 끌려 다니게 되는 삶을 살게 되는 것은 일상이 된 풍경이다.

이 시대가 원하는 사회 구성원이 되어 순응하며 살아간다. 이런 현실 속에서 개인이 힘들 때는 손잡아주고 위로해줄 수 있는 사람도 국가도 세상 그 누구도 아닌 자기 자신뿐이다. 또한 타인의 시선을 통해서가 아니라 의지를 키워 나의 가치를 스스로 만들어나가야 한다.

지금 이 순간은 힘들더라도 우리를 빛내줄 아름다운 순간들이고 시간이 될 것이다. 내가 원하는 행복을 좇기 위해 현실을 또다시 희생하며 좇지 말아야 한다. 행복을 지금 당장 선택하기만 하면 행복이 나타나 나를 보며 따사로운 봄 햇살처럼 나를 안아준다. 그리고 삶을 어떻게 후회를 덜하며 살아야 하는지를 제안해준다. 나를 위한 삶과 나를 알아가는 과정을 통해 인생의 더 나은 삶과 행복을 얻을 수 있다.

고도의 경제 성장으로 때로는 경쟁에서 승리를 위해 남에게 상처를 주게 되기도 한다. 기계처럼 앞만 보며 전진만 하는 인생이 그리 호락호락하지 않다는 것을 안다. 따뜻한 온기는 없고 차갑고 피폐해진 것들만 남게 되는 경우도 주변에서 쉽게 찾을 수 있다. 나를 위해 산다는 것이 무엇인지 채워진 것들을 비우고 또 비워야만 시련이 찾아오는 것을 막을 수가 있다. 그 시련을 바라보는 나의 마음가짐과 태도는 상황에 대처하는 힘을 기를 수 있다. 그리고 인간은 원하는 만큼 행복을 느낄 수가 있는 것이다. 우리가 부정적인 기분이 든다면 부정적인 생각을 했기 때문이고 그건 불행하다고 생각해서다. 그러므로 행복한 감정이 드는 것은 간단하다. 부정적인 생각을 멈추고 긍정적인 생각으로 행복한 감정의 채널을 맞추어 리모컨 버튼만 누르면 생각대로 재생된다.

만약 우리의 삶에서 고난과 괴로움이 없다면 행복을 어떻게 느낄 수가 있겠는가. 반드시 겪어야 할 아픔이라면 그 속에 숨어 있는 진정한 의미를 찾으려고 노력해야 한다. 단 한 번뿐인 소중한 인생은 누군가의 선택에 의해 결정하는 것이 아니다. 자기 자신의 선택에 의해 결정되어 책임감 있는 삶을 재탄생시켜 자신과 만나게 된다.

그래서 행복하게 살아가기 위해서는 부정적인 생각을 버리는 것이 중요하다. 긍정적인 생각으로 살아가는 것이 행복하게 사는 데 큰 도움을 준다.

자신부터 변화하려고 노력을 하다 보면 행복은 우리 주위에 늘 가까이 있다. 보이지 않는 커다란 존재였음을 겪게 되는 즐거움 또한 그리 나쁘지 않다. 우리는 두뇌가 과도하게 바쁜 이유로 "바빠서, 시간이 늘 없다"고 입에 달고 녹음기처럼 괜찮다고 극복 주문을 건 뒤 더 좋은 것을 위해 이 순간을 저당잡혀 살아간다. 행복은 밖에서 찾지만 말고 내면을 일구어가는 것이다. 그러면 큰 변화가 시작되어 스스로 원하는 존재가 되고 하고 싶은 존재가 된다. 어려운 고난들은 강해질 수 있는 힘을 키워주고 미래와 과거 사이에서 균형을 유지할 수 있다.

내 속에 있는 다른 나를 찾고 지금보다 더 많이 웃는 자신을 보고 더 많이 감사해할 수 있다면, 행복은 스스로가 선택하며 살 수 있다.

회사가 나를 고용해주기만을 원하는 건 노예가 되는 것이다. 우리가 바라는 비슷한 욕망들을 갖게 되어 원하는 것을 갖기 위해 선택하는 것이 아니라, 이미 내가 가지고 있는 것들을 인정하며 살아가는 것이다. 개인의 행복들이 모여 행복하고 평화로운 세상을 만드는 것이다.

주변에서 유난히 행복해하는 사람들은 행동의 결과물이라는 것을 알 수 있다. 자신이 가진 것을 습관적으로 사랑하고 끊임없이 다시 오지 않을 순간들을 행복하게 즐기는 사람들이다.

진정한 행복은 어떠한 물질보다는 경험과 체험의 선택이 기억들로 재구성되어 새롭게 오래 지속된다. 무엇을 원하는지 배우면서 가는 길은 더 이상 가시밭길이 아닌 행복의 꽃길로 변신해 있다. 수많은 과정이라는 실패를 언젠가부터는 아무렇지 않게 즐기는 것이 가장 큰 소소한 일상이다. 작가의 그림만을 보고 작가를 이해할 수 없듯이 변해가는 과정에서 끝없는 고민의 흔적들이 있었다.

탈 벤 샤하르는 "선택하기로 마음먹을 때 비로소 몸과 마음의 긍정적인 변화가 일어난다."고 강조하였다. 물질적인 것이 아니라 일상의 경험에서 오는 행복을 스스로 선택하지 않을 때 다른 사람들의 선택에 끌려다니며 주도적인 삶이 아닌 수동적인 삶을 살게 된다. 이 순간들이 모여 소중한 삶이 된다.

지금 이 순간에도 당신은 소중한 행복을 선택하면 된다.

모든 답은 이미 **내 안**에 있다

성공과 실패의 차이는
실행하는 능력에 달려 있다.

– 알렉산더 그레이엄 벨 –

우리는 '문제'도 내가 만드는 것이고 '답'도 내가 만들며 살아간다. 행동은 반복되는 패턴을 만든다. 주어진 '상황'보다는 받아들이는 '태도'에 따라 차이가 엄청난 결과로 나타난다. 무의식 중에 했던 과거 경험을 현실에서 재해석했다. 하지만 우리는 자신이 겪었던 경험을 똑같이 반복하면서 살아간다. 아주 작게라도 말과 행동의 변화로 나타났을 때 그것이 또 다른 현실을 만들어갈 수 있다. 아무런 행동도 하지 않으면 창조도 없는 것이다. 어떠한 예술 작품들을 보면 어떠한 선입견이 생기고 그들도 자신의 예술혼을 불태우기 위해 수많은 것들을 포기한다. 오로지 하나에만 긴 시간들을 매진한 것을 알 수 있다. 모든 답은 이미 내 안에 있는데 외부에서만 찾으려 애를 쓰지 않아야 한다.

삶이란 정답을 찾기 위해 너무 애쓰지 않아도 괜찮은 것이다. 그리고 다양한 책과 경험들을 그대로 받아들이기보다 나만의 것으로 재해석해야 진짜 내 것이 된다. 사람은 모든 답을 알고 있는 존재이다. 불안이 아닌 긍정으로 자신을 믿어야만 하며 그리고 자신을 어떻게 생각하고 바라보느냐에 따라 나의 삶이 결정된다. 마음을 비워야만 나의 내면을 느낄 수 있다. 자신을 사랑할 줄 아는 사람은 자기 안에 있는 답을 찾았을 확률이 높다. 내가 미리 정한 답을 찾기 위해 다양한 경험들을 해보았지만 지나고 보면 항상 답은 내 안에 있었다. 내 안에 있는 답을 찾아보려 노력하는 방법은 가장 소중한 자신을 믿는 것이다.

음악과 미술을 좋아하는 나는 감성적이다. 그래서 사람들의 언어(言語) 때문에도 마음의 상처를 쉽게 받는다. 나의 정체성은 그 어떤 유혹에도 흔들리지 않기 위해 좋은 감정을 유지하도록 노력해야 한다.

부정적인 생각들은 더 많은 온갖 부정들을 끌어들였고 가장 큰 적은 그 누구도 아닌 나 자신이었다. 나에게 상처 주는 말을 가장 많이 한 사람도 나였다. 자신을 있는 그대로 사랑하지 못하는 이유는 과거에 뿌리 깊게 형성된 유전자 때문에 대물림된 것이라고 나의 잘못을 타인의 탓으로 떠넘기듯 전가시켰다. 정체성을 형성하는 시기에 부모와 가족 친구, 주변 사람들에게 자신의 가치를 낮게 평가받은 사람은 자아존중감이 낮아 어른이 되어서도 변하기 어렵다. 낮은 자존감으로 기쁨을 누리지 못하며 살아간다. 좋지 않은 과거는 다시 좋은 경험으로 채워야만 불행한 과거의 기억 속에서 멀어질 수 있다.

어느 날 옷장을 정리해보니 방 한가득 부족한 나의 내면을 쇼핑으로 많은 위안을 받았다. 중독 증상으로 쇼핑을 하면 뇌의 도파민이라는 호르몬으로 쾌락과 행복감을 주며 쇼핑을 하지 않으면 불안감을 느낀다. 도박이나 게임과 별다르지 않다.

쇼핑하는 나쁜 습관을 고치기 위해 종이 위에 썼다. 지금 당장 입을 수 있는 옷이 중요하다고 크게 글로 써서 옷장에 붙여놓았다. 하루에 조금씩 매일매일 비우고 버리는 작업을 했다.

핸드폰에 있는 연락처에도 몇 년씩 연락하지 않은 사람들의 연락처를 정리했다. 새로운 것으로 채우기 위해 낡은 것들을 비워내는 연습을 해야 한다.

평소에도 나는 소유를 줄이고 단순하게 사는 것이 희망사항이었다. 나의 행동은 그와 반대로 많은 것을 더 가지려 하고 나를 채우기 위해 복잡한 삶을 살아왔음을 알게 되었다. 사람들은 남을 실망시키는 것을 두려워하고 싫어하면서 자신에게는 무심하게 실망시키는 일을 당연하게 여긴다. 친절한 행동은 나를 위한 것이 아니라 타인을 위한 것이다.

이젠 자신을 소중히 여기는 법을 배워야 한다. 가장 먼저 자기 자신에게 좋은 인사말로 건네는 연습이 필요하다. 심리학자 아들러는 "인간은 누구나 완전하지 않은 존재로 태어났으며 열등한 상태에서 벗어나려는 욕구를 가지고 있다"고 했다. 사람은 누구나 자신은 부족하다고 느끼는 열등감을 가지고 있다.

사람들은 열등감 때문에 화를 내고 좌절하며 산다. 열등감으로 성장하는 사람은 부족한 부분을 채우기 위해 더 노력해야겠다고 생각한다. 반면에 그와 반대로 부족함 때문에 나를 무시한다고 여기기에 부정적인 결과를 합리화한다.

스스로 못났다고 생각하면 남들보다 더 뛰어나야 한다는 압박감을 느껴 우월감에 빠질 수가 있다. 우월감에 빠지면 높은 목표 때문에 평범한 자신을 받아들이지 못하고 잘 보이기 위해 겉모습에 집착하며 포장한다.

타인은 내가 생각한 것만큼 나에게 관심이 없다는 것을 받아들여야 한다. 그렇지 않다면 자신을 무시한다고 여겨 지나친 자의식에 빠질 수 있기 때문이다. 비교하지 말고 있는 그대로의 자신을 인정하여 더 나아지도록 노력해야 한다. 우리는 매일 발전하고 있고 우리의 가치는 귀하고 가장 소중한 존재이다. 이 세상을 살아가는 데 내가 주도적이 되어야 책임감을 갖게 된다.

활활 타오르는 노란색을 보기 위해 자신을 속이며 압생트를 계속 마시면서 그림을 그린 빈센트 반 고흐의 〈해바라기〉처럼 보이지 않는 색을 찾기 위해 보이지 않는 자신을 영감의 원천으로 받아들였다. 상황을 바라보는 관점을 바꾸면 모든 사람들은 힘들고 좌절의 경험으로 상처를 받으면서 살아간다. 이 상처들에 어떠한 의미 부여를 했느냐에 따라 상처가 아니라 소중한 경험이 되기도 한다. 나는 성공하고 좋았던 일보다 실패하고 안 좋았던 일들을 신경 쓰며 살아왔다. 자신을 믿는 힘이 부족하여 자신감이 없고 어떠한 일을 할 때 망설이게 된다. 내가 나를 믿는 것이 가장 중요한 것이다. 인생의 모든 답은 내 안에 있다고 하는 사람과 밖에 있다고 하는 사람은 관점이 상반되게 다르다. 자신의 삶과 인간관계에서도 반응하는 것은 전혀 다르다.

열등감 때문에 부정적인 생각을 피하고 있는 그대로의 행복한 자신이 되어야 자유롭다. 그 누가 아닌 자기답게 인생을 멋지게 살아갈 수 있을 것이다. 우리는 인생을 살면서 가장 중요한 것은 다른 사람들과 잘 지내는 것보다 남과 비교하지 말고 있는 그대로를 인정하는 것이다. 그러기 위해서는 자신과 가장 먼저 잘 지내는 것이 중요하다. 그것은 내가 바뀌어야 나의 삶도 바뀌는 것이다.

긍정적인 삶을 살기 위한 힘은 이미 내 안에 있는 것을 발견하여 자연스럽게 뿌리를 내릴 수 있어야 한다. 지금까지 '행복하지 않은 나'와 헤어져야만 지금의 '행복한 나'를 만나 행복하게 살 수 있는 것이다. 지금까지 내가 하고 싶은 일을 스스로 찾고 경험한 것에 감사하다. 이렇게 열심히 살아온 과정만으로도 나는 위기를 잘 극복한 사람이었고 더 성장하기 위한 과정이라고 생각했다. 모든 일들이 나에게 시련이 되어 상처가 되기도 했지만, 힘든 순간에도 나 자신을 믿었다. 인생은 불행으로 힘든 시기가 있지만, 이 모든 도전을 통해 나는 더 많은 능력이 있는 사람인 것을 깨닫게 되었다.

힘든 순간에도 나 자신을 믿어야 한다.

모든 답은 이미 내 안에 있다. 조용히 내 마음속에 귀를 기울이면 답을 알 수가 있으며 무엇을 좋아하고 싫어하는지 내면에 귀를 기울여야 한다. 그런 다음 내면의 자신과 대화를 통해 그 어떤 일에도 자신의 신념이 흔들리지 않아야 한다.

아브라함 매슬로우는 인간은 무한한 잠재력을 가지고 태어난다고 했다.

모든 답은 이미 내 안에 있고 당신은 자신을 믿어야 한다. 자신을 제한하고 한계를 짓는 사람은 바로 자신뿐이다.

나를 **믿는** 지금 이 순간부터가 시작이다

누구도 본인의 동의 없이
남을 지배할 만큼 훌륭하지는 않다.

― 에이브러햄 링컨 ―

예술이란 그 자체의 아름다움으로 평가되기도 하지만, 보는 이에게 얼마나 공감을 일으켰는지 중요하다. 조각가인 알베르토 자코메티는 "나는 예술에도 관심 있지만, 본능적으로 진리에 더 관심이 많다."고 말했다. 그가 말하는 진리란 '다르게 보는 것'으로서, 그의 작품은 현대인의 고독을 표현했다는 말로 표현되었다. 자코메티의 조각상은 다른 나를 보라고 말하는 듯 다르게 보는 법을 알게 해준다.

그의 작품은 고독하고 홀로 있어야만 없어지지 않을 수 있다는 그의 사상이 마음에 든다. 객관적으로 바라보게 되지만 판단은 주관적으로 우리 자신이 한다.

자코메티는 동시대 사람들과 미래의 세대를 위해 작업하지 않고 죽은 자들의 넋을 사로잡을 작품을 조각했다. 자코메티가 나오는 영화 〈파이널 포트레이트〉를 본 적이 있었는데 자신의 작품이 마음에 들 때까지 계속 이어나가는 끈기와 집요함이 놀라웠다.

화실 안에서 사람들과 함께 그림을 그리는 기분을 무엇에 비유할 수 있을까? 화룡점정은 화실 안에서 선생님의 모든 작품 중에 가장 어려워 보이는 작품 하나가 대문짝처럼 액자에 걸려 있다. 자기를 봐달라는 듯 나를 보며 무게중심을 잡고 있다. 큰 기운이 느껴지는 그림이었다.

액자 안에서 나를 지켜주는 수호신 같다.

나도 언젠가는 완성하는 그날까지 최선을 다해 노력하는 것이었다. 사람들 눈은 다 비슷하다. 선생님이 안 계실 땐 같이 작품을 하는 사람들과 이런저런 얘기를 하며 지냈는데 대부분 나와 비슷한 꿈을 갖고 있었다. 화실을 가지 않는 시간은 부정적으로 나를 몰고 가기에 더 이상 차단해야만 했다. 그림을 많이 하면 할수록 자신감이 생겼고 나를 믿게 되었다.

일기장처럼 그림도 지나간 어제의 흔적과도 같다. 자신을 완성해 나아가게 해주었고 나의 솔직한 감정과 마음을 화폭에 그대로 옮겨서 재탄생시키고 싶었다. 나는 그림과 영화, 그리고 책 읽기로 나의 정체성을 찾아 길을 나섰다. 그리고 삶과 죽음의 하나인 자연 속으로 돌아가리라.

아이가 걸음마를 하듯 아주 조금씩 나아가는 '과정'이 중요하다. 아침에 눈을 떠 이불 자리를 정리하는 것과 자신의 건강을 위해 아침을 먹는 것으로 작고 사소한 일들이 시작된다. 세상을 향해 내가 원하는 방향으로 나아갈 수 있는지 나의 설득하는 과정이 필요하다.

현실은 괴로웠지만 먼 훗날 행복한 미래를 그리는 상상을 하면서 현재 맡은 일에 최선을 다해야 한다. 꾸준히 하면서 아무리 힘들어도 끝까지 완성하여 성공을 하는 경험들도 차곡차곡 쌓이면서 우리는 자신을 믿게 된다. 머릿속에 있는 생각들을 고민만 하지 말고 행동하는 것이 중요하다.

경험이 없으면 불안하기 때문에 불안감으로 자신을 믿을 수가 없다. 미래를 상상해야 한다. 과거의 내가 미래의 나에게 현재의 자신을 믿어야 한다고 말했다. 나는 귀한 사람으로 다시 태어났기에 그럴 가치가 충분히 있는 사람이다. 화가 빈센트 반 고흐를 너무 좋아했다. 고흐 작품을 완성하는 나와의 약속을 지켜내기 위해 노력했다. 그 약속을 이룬 내 모습이 너무도 소중했다. 부정적인 친구들을 멀리하려고 했다. 결점을 공격하는 사람을 멀리하고 나를 인정해주는 사람들을 만나려 했다. 좌절하며 과거에 사는 것을 부정하지 않았다. 있는 그대로의 나를 바라보았다.

그리고 나의 결핍을 반복하며 강화시키지 말고 있는 그대로 받아들이면 된다. 내가 저항할수록 결핍이 더 커지고 강화되는 것이다. 자신과 싸울수록 효과 없이 발견하지 못한 자신을 발견할 수 있다. 모든 것은 상황에 맞게 적절하게 행동하면 되는 것이다.

생각이란 모든 것이 떠오르는 것이기에 강박감으로 가면을 쓰면 내면에 부정적인 자신이 되어 모든 것을 객관적이 아닌 주관적으로 바라보게 된다. 감정과 생각을 억누르는 상황을 만드는 것이다. 감정은 억누를수록 더욱 강해지는 것이며 감정과 생각은 나의 전부가 아니라 일부다. 잠시 감정과 생각이 지나가도록 기다려줘야 한다.

자신의 그림자를 바라보며 부정적인 감정 속에서 빠져 나오도록 생각을 바꾸기 위해 노력해야 한다. 그리고 자신의 운명을 그대로 받아들인다면 부족한 결핍은 사라지는 것이다. 내가 나를 억누르는 선택을 하는 것도 그 누구가 아닌 자신을 안아주고 괜찮다고 말해줄 수 있어야 한다. 불안감으로 미워했기에 스스로를 용서하고 인정해야 한다.

결핍을 억눌렀을 때 나의 주장과 당당함은 자신감도 같이 억누르며 살아온 것이다.

나는 가난하니까 부자처럼 보이고 싶었고 가진 것이 없으니까 다른 것을 잘하는 모습을 보이고 싶었다. 그러면 내가 똑똑해 보이지 않아도 되었다. 부자로 보이지 않아도 된다는 것을 안다. 부족한 부분을 보여도 모든 부분을 받아들이고 인정해주면서 스스로를 믿을 수 있게 되었다.

세상에 다이아몬드보다 더 귀한 것은 자신이다. 다이아몬드는 여러 개지만 자신은 이 지구상에서 오직 하나뿐이다. 다이아몬드와 비교가 되지 않는 소중한 자신을 사랑하는 법은 당신이 얼마나 가치 있는지 알아야하고 부족한 자신을 사랑해야 한다. 자신을 믿어야 행복과 불행을 내가 선택할 수 있다.

모든 사람은 좌절을 하지만 그 좌절로 인생 자체에 실패했다고 생각하지 말아야 하듯 우리는 많은 가능성을 가졌고 원하는 목표 하나를 이루었다. 나라는 사람의 가능성은 무궁무진하다.

우리는 다양한 모습을 가진 가능성이 많은 사람들이다. 도전하는 일이 잘되지 않을 수도 있지만, 사람은 완벽하지 않다는 것을 인정하고 타인이 나를 어떻게 바라보더라도 도전하고 실패하면서 발전하는 사람이 되는 자신을 믿으면 된다.

자신을 믿기 위해서는 경험하고 실패하며 조금씩 나아가는 것이다. 나는 꼭두각시처럼 느껴지기도 했고 내가 중요한 것을 소홀히 하고 있는 경험도 했다.

인간의 5대 욕구 중에 사람이란 존재는 인정받고 싶은 본능이 있으며 그 본능을 부끄러워하지 말아야 한다. 스스로 존중하는 사람은 누구도 함부로 할 수 없다. 더 열심히 살아야 한다고 부족한 자신을 질책하고 그토록 미워한 사람은 다른 이가 아닌 바로 자신이다.

힘이 세고 몸집이 큰 코끼리가 말뚝에 묶여 도망가지 않고 명령대로 움직이는 이유는 어릴 때부터 말뚝에 묶여 자신이 너무 약하다고 믿었기 때문이다.

진짜 자신이 얼마나 소중하고 귀한 존재인지 모른다면 우리는 세상에서 가장 귀한 존재인 자신을 믿지 못할 것이다.

'너는 할 수 없다'라고 듣고 자란 사람과 '너는 할 수 있다'고 듣고 자란 사람은 엄청나게 다른 결과를 만들 것이다. 삶의 중심에 타인을 놓지 말자. 중심에 나를 놓고 자기중심적인 사람이 되어 행동하고, 인생의 주인공이 되어 행동하며 살아가야 한다.

　나를 믿는 지금 이 순간부터가 시작이며 있는 그대로의 자신을 인정하고 받아들여야만 자신을 미워했던 마음과 이별할 수가 있다.

세상을 바라보는 **관점**을 바꿔라

낙천주의자는 도넛을 보지만,
비관론자는 구멍을 본다.

- 오스카 와일드 -

    인간은 자신의 고집과 아집으로 살며 자신이 만든 고정관념에 갇혀 자신의 틀 안에서 괴로워하기도 한다. 사람들은 자신의 틀을 잘 알지 못하며 살아간다. 나를 힘들게 만든 고정관념에서 벗어나야 한다. '내가 보는 것이 전부다'라는 말도 있지만 현실은 주관적인 지각인 것이다. 나라는 사람의 필터링에 의해 보여지는 것이다. 사람들은 지각 차이에 의한 갈등으로 뇌 안에서의 관념에 의해 각자가 다르게 해석한다. 내가 믿었던 것이 허상으로 느껴질 때 세상을 바라보는 관점을 바꾸기 위해서는 작은 습관부터 바꾸어야 한다.

    관점은 우리가 세상을 바라보는 방식이다. 시대를 앞서 성공한 사람들을 보면 같은 것을 생각하고 행동하는 것에도 각자의 관점이 담겨 있는 것을 알 수 있다. 낡은 고정관념에서 벗어나 새로운 발상으로 자신의 삶을 어떤 생각과 행동으로 채워갈 것인가이다.

모두의 관점은 다른 사람들이 보이지 않는 것을 보고 생각하며 다른 사람과 다른 관점으로 세상을 본다.

어릴 때부터 마음이 답답할 때는 옥상에 올라가 화가가 된 마음으로 내 눈앞에 보이는 것을 응시하며 엄마가 심어놓은 씀바귀와 대파를 스케치했다. 따뜻한 햇볕 아래에서 그림을 할 때마다 나에게는 보이지 않지만 따뜻한 사랑이 느껴졌다.

2019년 미술을 좋아하는 친언니들과 서울시립미술관에서 개최한 데이비드 호크니 展에 다녀왔다. 서울시립미술관과 영국 테이트미술관 공동 기획으로 전시된 것이다. 세계적으로 사랑을 받는 현대미술의 거장으로 '존재 자체가 하나의 장르'라는 평을 듣는 '호크니가 본 세상'에서는 50개의 캔버스에 그린 큰 나무의 그림과 캔버스 60개에 그린 더 큰 그랜드 캐니언 그림에 깊게 빠져들었다. 영상에서는 인상파 화가처럼 여러 캔버스에 그림을 그리는 모습도 나온다. 그는 세상을 보는 방식에 대해 끊임없이 질문을 던졌고 다양하게 시도했음을 알 수 있다.

영국을 대표하는 팝 아티스트 데이비드 호크니를 가장 유명하게 만든 수영장 그림들 중 하나인 〈더 큰 첨벙〉(1967)에서 인물은 등장하지 않고 수면의 물이 튀고 있는 수영장의 전경만이 묘사되어 있다. 누군가가 방금 다이빙을 해서 물속에 들어간 것처럼 생동감이 넘치는 모습이지만 배경은 이상할 만큼 고요하다. 그림 속에서 다양한 이야기를 상상하도록 하는 것이 이 작품의 매력이다. 정지된 듯 고요한 장면은 관객들의 호기심을 갖게 만들고 일어난 사건과 상황들은 우리가 해결할 수 없는 부분이다. 그 사건과 상황을 받아들이는 것은 우리 자신이기에 세상을 바라보는 관점을 바꿔야만 나를 둘러싼 모든 것들이 바뀌는 것이다.

당신이 지금 힘들게 사는 하루하루가 미래를 위한 기적이 되고 내일을 살아갈 기쁨이 된다. 남을 위한 인생이 아니라 나를 위한 인생을 살아야 한다.

세상은 변해가고 더 나은 미래를 향해 나아가고 있다. 차별화된 자신만의 생각이 생기는 것이며 나의 일상 속에서도 새로운 관점이 된다. 세상은 보이는 대로 존재한다는 말이 있다, 같은 일을 하더라도 관점에 따라 성과의 의미가 달라지기에, 관점에는 우리 눈에 보이지 않는 힘이 있다. 누군가에게 정보를 건너 듣기만 해도 자신이 직접 경험하면서 당연하게 생각했던 것들이 새로운 관점으로 바라보게 된다.

오스트리아 철학자가 그린 〈오리 토끼〉 그림이 있는데 그 그림은 보는 관점에 따라 오리로 보이기도 하고 토끼로 보이기도 한다. 그림은 변하지 않고 그대로인데 우리가 바라보는 관점에 따라 오리와 토끼가 되기도 한 것이다. 그의 명언 중 가장 유명한 말은 "connecting the dots" 연결된 점으로 과거가 점처럼 모여 큰 것이 되어 인생에 쓸모없는 우연은 없다는 뜻이다. 현재 작은 '점'에 불과한 사건들이 의미 있는 연결고리를 만나 미래에 알 수 없는 결과물을 낳게 되어 과거 또한 바꿀 수 있다.

　오늘이라는 작은 점이 미래와 연결되어 있기에 순간순간은 가장 소중한 것이다. 미래에 성공하면 힘들고 어려웠던 과거들은 아름다운 스토리로 변한다. 막노동꾼에서 최고의 부자가 된 성공자도 막노동꾼일 때의 삶이 자신의 밑바탕이 되었다고 할 수 있는 것이다. 인생은 일어난 상황을 내가 어떻게 받아들이며 생각하고 느끼고 행동하느냐에 따라 나의 미래가 바뀔 수 있다. 우리는 분명 행복하게 살 수도 있는데 고통을 일으키는 원인이 무엇인지 알아야 한다.

　자신만의 고정관념에 갇혀 나와 다른 것을 배척하고 생각의 틀에 자신을 맞춰가는 것은 불행한 인생이다. 나의 고정관념은 성공하면 행복할 것이다 그래서 부지런해야 한다고 생각했다. 자신의 고정관념으로 끊임없이 자책하고 목표를 이루지 못한 자신을 미워한다.

고정관념은 경험이 되어 더 안 좋게 강화된 고정관념을 낳는다. 어렸을 때부터 부모님은 돈 때문에 힘들게 사셨다. 돈이란 어렵게 버는 것이라는 고정관념은 고정된 틀 안에서 더 깊게 빠진다. 나의 고정관념을 인지하고 알아차리는 것은 자신을 가로막는 것이다. 나를 힘들게 한 고정관념을 직접 경험해보면 바뀔 수가 있다. 고정관념으로 세상을 보지 말고 있는 그대로 바라봐야 한다. 사람은 하루에 의사결정을 3만 5천 번을 하고 자신만의 안경을 쓰고 살아간다. 경험했던 것으로 추측하고 판단하고 내가 쓴 안경을 벗고 사건에 대해 다르게 본다. 나의 행복을 미치는 요소는 겉만 보고 쉽게 판단하는 것을 싫어한다.

자신의 가치가 높다고 생각할수록 단점은 작아지고 장점은 커진다. 다른 사람에게 비판을 받으면 자신의 능력을 의심한다. 이 세상에 상처 받지 않고 살아가는 사람은 아무도 없다. 상처를 받아도 스스로 치유할 수 있도록 힘을 키워야 하고 그 힘은 나의 삶을 소중히 여길 수 있다.

간절히 원하면 어떠한 시련과 역경이 오더라도 이루어진다. 꿈을 위해 실행을 하고 습관을 들여 고정관념을 바꾸어야 한다. 자신의 관점이 바뀌면 세상은 다르게 보일 것이다.

간디는 '이 세상이 변하기를 원한다면 자기 자신부터 변해야 한다.'고 말했다. 우리는 자본주의와 개인주의가 발달하면서 더 힘든 세상에 살고 있다. 마음을 다스리는 방법을 모를 만큼 바쁘게 살고 있다. 사회가 만든 편견과 왜곡 없이 세상을 그대로 바라볼 수 있어야 한다.

진정으로 세상이 변하기를 바란다면 나를 먼저 변화시켜야 한다. 나 한 사람이 바뀐다고 무엇이 달라지나 하는 생각은 잘못된 생각이다. 우리는 개별적인 존재가 아니라 각자가 세계이다. 어떤 관점으로 세상을 바라보느냐에 따라 얻어내는 결과물들은 달라진다.

행복은 우리 마음속에 있다. 내가 어떤 관점으로 세상을 바라보느냐에 따라 세상은 다르게 보인다. 인생은 행복만 있을 수는 없다. 작고 사소한 일이라도 어떤 마음으로 보느냐에 따라 새롭게 보인다.

살아가면서 외부적인 요인 또는 내부적인 요인으로 갈팡질팡하는 경우가 있다. 그 이유 중에 하나는 아직 겪어본 경험이 없어서 대응하는 가치관이 형성되지 않았기 때문이다.

자신만의 관점 없이 세상을 살면 상대방에 휘둘리고 손해만 보는 삶을 살며 끌려 다닐 것이다. 화가 페르난도 보테로가 사람과 사물을 뚱뚱하게 그린다고 했지만, 그는 뚱뚱한 것을 그리는 것이 아니라 형태의 관능

미와 자연의 풍성함을 표현한다고 했다.

똑같은 것을 봐도 어떤 사람은 문제점을 발견하고 다른 사람은 해결책을 발견한다. 같은 것을 다르게 보는 '관점'이 제일 중요하다.

05

꿈을 **현실**로 만드는 끌어당김의 법칙

당신이 하는 것, 꿈꾸는 것은 모두 이룰 수 있으니, 일단 시작하라.
대담함에는 천재성과 힘과 마력이 들어 있다.

- 괴테 -

삶을 결정하는 것은 평상시 습관적으로 하는 생각들이다. 자신이 생각하는 모습으로 현실에 나타나며 생각은 삶을 결정하는 중요한 열쇠이다. 내가 원하는 것을 끌어당기려면 정확하게 구체적으로 믿어야 한다. 내 안에 있는 창조의 에너지를 의식하고 끊임없이 흐르고 있는 시간의 움직임으로 자신의 삶을 위해 살아간다.

내가 무엇인가를 상상하고 생각하는 순간 에너지로 끌어당겨 실체의 에너지로 현실에 나타날 준비를 하고 있다. 오늘의 희생으로 미래만 꿈을 꾸며 사는 것보다 오늘 이 순간을 위해 먼저 생각하고 행동을 하면 된다.

진짜 강한 힘은 내면에서 나오는 것이다. 나에게 필요했던 마음의 안정감을 나의 내면이 아닌 밖에서 찾으려고 했다. 직장생활이란 너무도 지겹도록 반복되는 삶이었다. 벗어나는 방법은 지겨움으로 평생 살아야 한다면 내가 좋아하는 것을 지겹게 반복하면서 사는 방법만이 답이라고 생각했다. 타인이 만든 지겨움에 끌려가는 것은 괴로움 그 자체이기에 내가 만든 지겨움을 선택했다. 가정과 사회의 가운데에서 나만 알고 있는 보물창고를 품고 있는 느낌도 들었다. 시간은 집과 회사에서 힘들 때마다 나만의 보물창고에 가서 홀로 설 수 있는 힘을 주었다.

그림을 하면서 오늘 몇 시간을 매달리며 연습해도 못 한 것은 내가 내일은 꼭 성공시킨다고 확신을 하며 내일의 나에게 약속을 했다. 그 약속을 지키기 위해 더 많은 공부와 생각과 연습들이 필요했으며 나를 더 좋은 작품들로 끌어당겼다. 나의 삶은 빈껍데기처럼 느껴졌고 훌륭한 생각을 통해 훌륭한 행동을 해야만 내가 바라는 삶을 끌어당길 수 있다. 너무 멋 없이 꿈을 향해 나아가지만, 내가 나를 둘러싼 모든 관계와 마주해야 진정 내가 원하는 나를 만날 수 있다. 나는 원근법과 명암법이 발달된 르네상스 시대의 화가들보다는 인상 깊었던 한 순간의 장면을 화폭에 옮기는 '인상주의' 작품과 화가들을 좋아한다. 현실적인 묘사가 아닌 화가 자신이 받은 인상 깊은 그 순간을 시각적으로 표현한 작품이다.

사람은 자기가 좋아하는 것을 하면서 온 마음을 쏟으면 괴로움을 잊고 긍정적이 된다. 선택과 집중을 위해 불필요한 것들은 차단을 해야만 원하는 것에 집중 할 수 있다.

혼란스러운 마음을 정화시키고 내가 좋아하는 작품들을 하면서 나의 허전한 마음이 채워지는 것이 너무 신기했다.

컨디션에 따라 평온한 마음을 유지할 수 있었고, 엄마는 그림을 하면 밥 굶는다고 그림을 하지 말라며 다 갖다 버리라고 말씀하셨다. 나는 도서관에서 모든 유연한 생각들을 할 수 있었다. 그리고 화실에서는 모든 마음 근육들을 움직여 마음이라는 출렁이는 감정과 물결에 잡아먹히지 않기 위해 살고 싶은 간절함 때문이었다. 나의 꿈과 희망, 그리고 미래가 모여 있는 소중한 것이었다. 차별화를 위해 마티에르(질감 표현)를 하며 내가 원하는 결과를 위해 작업했다.

미술사 공부를 통해 개별 작품만 보는 실수는 저지르지 말아야 한다. 미술이란 미술사 이론이 뒷받침되어야만 한다. 여러 예술가들의 관점에서 작품을 볼 수 있어야 형태와 색감에만 집중된 작은 나무만 보는 실수를 하지 않는다. 미술사를 통해 큰 숲을 보는 안목을 키우면 현재 자신이 서 있는 곳에서의 많은 사고들이 모두 세상 돌아가는 흐름과 현재 나의 삶과 연결되어 있다는 걸 알게 된다. 다른 시대를 살아가는 느낌들을 고

스란히 이어나갈 수가 있기 때문이다.

　개별 작품에 담겨 있는 이야기도 시간의 흐름 속에서 많은 요소들과 관계하고 있다. 미술사는 미술이 변화하고 발달하는 과정과, 미적 대상과 시각적 표현에 대한 연구이다. 미술의 역사를 통해 지역별, 시대별, 장르별로 세분화하여 전 세계 예술 분야를 연구하는 학문으로 미술사의 시대적 흐름은 큰 숲에서 헤매지 않도록 하는 것이 중요하다.

　미술은 우리가 미술을 왜(why) 해야 하는지보다 어떻게(how)에 수업이 진행된다. 학생들은 단순히 미술이 좋아서 시작하는 것도 있지만 대학을 졸업한 후에도 미술작품을 하는 사람은 많지 않다. 시작을 해도 유지되기가 어렵다. 단순하게 체험만 하는 실기 위주의 미술보다는 인간을 형성하는 전인적인 필수 요소로 느낀 것이다. 학교에서는 미술을 이론과 평가에 치중하고 학교 밖 미술은 이론에 많이 취약하여 경험 위주인 예술 활동을 한다는 것을 깨달았다.

　삶이란 열심히 살아도 나의 뜻대로 되지 않는다. 그림 작품을 하며 길을 잃었을 때마다 그림을 하는 화가들의 일생을 담은 영화를 보면 대리만족도 되고 저절로 충전이 되는 기분이 참 좋았다. 잭슨 폴록의 영화, 빈센트 반 고흐의 영화, 프랑스의 여류 천재 화가 세라 핀 루이의 생애를 그린 영화 〈세라핀〉과 큰 눈을 가진 아이를 그려 혁명을 일으킨 마가렛 킨에 대한 영화들이 그것이다. 30년간 남편의 이름 뒤에 숨어야 했던 마가렛 킨이라는 예술가의 삶을 다룬 영화 〈빅 아이즈〉, 르누아르, 세잔, 검은 피카소라고 불리는 미국 현대 미술 작가의 삶을 다룬 영화 〈바스키아〉, 미국 화가인 에드워드 호퍼의 〈셜리에 관한 모든 것〉 등, 다양한 화가들의 삶을 다룬 영화를 볼 때 행복하다. 한 시대를 살면서 무언가 유행하면 그에 속하든 그렇지 않든 우리의 삶은 서로가 영향을 주고받으며 살아간다. 내 마음 안에서 나를 발전시키고 강하게 만드는 힘에 집중하는 것은 기적 같은 일이다. 세상에서 가장 아름답고 소중한 선물은 신이 주신 오늘이다.

인생에서 누구나 헤매고 방황한다. 자신이 가진 가능성을 믿고 나의 소중한 삶에 더 집중할 때, 비로소 나다운 강함과 자유로운 영혼을 갖게 된다. 내가 원하는 삶에 점점 더 가까워진다는 것을 알아가게 된다. 내가 간절히 원하는 것은 모두 나를 도와주기 위해 움직인다.

우주의 에너지는 우리 눈에 보이지 않는 에너지로 둘러쌓여 있다. 내가 원하는 것을 정확히 알고 머릿속에 생생하게 그림을 그리고 이루어진 것처럼 행동하여 감사함으로 살아야 끌어당김의 힘으로 끌어당겨진다. 사람이 부정적인 생각을 하는 건 자연스러운 것이다. 인식하며 흘려보내면 된다. 내가 현실을 창조하는 것이다. 나의 행동이 진동으로 그 진동에 '끌어당김의 법칙'이 반응을 하는 것이다.

끌어당김의 비밀에는 꿈을 이루고자 하는 간절함이 있다. 행복도 사랑, 기쁨의 느낌들도 내가 선택이 가능하고 부정이나 절망의 느낌도 선택할 수 있다. 내가 행복하면 행복한 사람들이 나의 눈앞에 나타나는 것이다.

신념은 습관을 낳는다. 나에게 도움이 되는 생각을 하고 그 생각을 키워야 할 때만 신념은 강해지고 확장된다. 우주는 내가 느끼는 것을 듣는 것이며 실현 가능한 작은 꿈들을 성공하면 큰 꿈을 이룰 수 있다. 미래에 대한 불안은 허락 없이 자신을 믿지 못해 빼앗기는 일이다.

'끌어당김의 법칙'은 자신을 자석이라고 생각한다면, 매일 자신이 생각하고 느끼고 있는 것들을 자신에게 끌어당긴다고 생각하는 것이다. 중요한 것은 내가 어떤 '느낌'으로 생각했는가이다. 당신이 원하든 원하지 않든 초점을 맞추고 있으면 생각하는 것들이 나의 현실에 나타날 것이다.

06

결심만 하는 **바보**는 되지 말자

바보는 항상
결심만 한다.

- 팻 맥라건 -

생각만으로 이루어지는 것은 이 세상에 아무것도 없다. 구슬이 서 말이라도 꿰어야 보배이듯이 아는 것을 실행하지 않으면 아무 소용이 없는 것이다.

『이봐, 해봤어?』는 우리나라의 파란만장한 경제 발전에서 빼놓을 수 없는 故정주영 회장의 중요 업적을 담은 책이다.

그리고 실패는 성공의 뿌리 내리기였다. 비바람을 겪지 않고 자란 나무는 강풍에 제일 먼저 뽑힌다고 했다. 핑계를 대서라도 하지 않는 사람이 있고 어떤 어려운 일이라도 용기를 내어 행동을 하는 사람이 있는 것처럼, 성공한 인생을 사는 사람들을 보면 생각에만 그치지 않고 행동한 것을 알 수 있다.

아는 것을 행동하지 않고 결심만 하는 것은 현실이 되지 않음을 두려워하고 용기가 없기 때문이다. 행동으로 옮기지 못하는 것은 정확한 목표가 없기 때문에 행동하지 못하는 것이다. 모든 것은 행동하는 자만이 얻을 수 있으며 그 행동은 다음에 또는 내일이 아니라 '지금', '오늘' 당장 해야 하는 것이다.

열정은 행동을 하게 되는 매우 중요한 것이다. 행동으로 옮기기 위해서는 두리뭉실한 목표가 아니라 구체적이어야 된다. 나의 삶에 접목하여 가능한 것은 나중으로 미루지 말고 행동으로 옮겨야 한다. 생각들은 멈춰 있는 것이 아니기에 지나가기 전에 나의 생각을 붙들어 내 것으로 만들어야 진짜 내 것이 되는 것이다.

대학을 졸업하고 친구들은 안정된 직장에 들어가 자리를 잡았다. 나는 한 번뿐인 인생을 행복하게 살고 싶었다. 내가 들어간 직장은 비교적 시간이 많아서 다양한 것을 해볼 수 있는 시간만은 허락이 되었다. 3년째가 되었는데도 나이만 먹는 것 같아 어느 순간에는 해야 할 것도 미루기만 하게 되어 스스로가 보잘 것 없는 쓰레기처럼 느껴졌다. 처음 나의 계획은 이게 아니었는데, 하면서 더욱 불안해지면서 더 이상 내가 있는 곳이 천국이 아니라 천국을 가장한 지옥이 되어갔다. 온갖 결심만 하고 행동하는 것은 나에겐 또 다른 영역이었으며 그리고 가장 두려운 건 자꾸 안주하게 되는 나의 마음이 크게 자리 잡고 있는 것이었다.

모든 사람은 사물을 자기 주관대로 바라보고 판단하며 살아간다. 앞을 보지 못하는 맹인(盲人)이 코끼리의 전체를 보지 못하고 일부분만 아는 사람이 자기가 알고 있는 그 부분을 전체라고 고집하는 것이다. 무엇이든 지나친 것은 좋지 않기에 행복한 자신을 위해 지나친 생각이나 행동은 불행을 만든다.

작은 성취를 하면서 발전된 나를 보게 되었다. 결심만 하고 그치는 것은 큰 욕심에 의해서 계산을 하고 완벽한 것을 위한 욕심 때문에 행동을 하지 못하고 얼음처럼 굳어버렸다. 결심만 하고 행동하지 않으면 제자리에 있는 것이다. 나는 제자리에 있기 싫었지만, 행동까지 옮기는 일들을 많은 계산 때문에 하지 않고 머물러 살았다.

결혼을 하고 무엇을 해야 할지 몰랐다. 문화센터에 다양한 수업 프로그램이 있는 것을 알게 되었고 다른 수업을 듣다가 옆 교실에서 수업하는 것을 보고 나도 너무 하고 싶었다. 클레이를 손으로 주무르면서 다양한 색을 만들 수도 있었다. 소 근육 발달에 도움을 주는 컬러 지점토였다. 손에 닿는 말랑말랑한 촉감과 다양한 예쁜 컬러들로 눈과 마음을 사로잡았다.

만약 생각만 하다가 그쳤다면 이루어지지 않았을 것이다. 나는 너무도 하고 싶었기에 목표를 정하고 그것을 이루기 위해 온 힘을 집중했다.

가진 것도 없는 나에겐 그것이 작은 희망이 되었고 사회로 나아갈 수가 있었다. 그림 작업실을 얻는 용기도 아이들에게 아이클레이로 공예 수업을 하는 것도 부족한 공부를 찾아서 하게 되는 선순환이 되었다. 아이들에게 그림을 가르치는 일이 최고의 일이 되었고, 미술 수업 계획안에 촉감놀이, 오감놀이라는 수업시간 시간표를 만들어 그림을 처음 접하는 아이들에게도 낯설지 않은 공예가 많은 도움이 되었다. 그리고 평면 위에 스케치와 드로잉을 하며 자신이 만든 공예 작품으로 입체감에 대한 공부도 즐겁게 할 수 있었다.

행동은 성공하기 위한 과정들이다. 작은 나비의 날개짓이 전혀 다른 장소에 태풍을 일으킬 수 있는 나비 효과처럼 우리의 삶에 큰 영향을 끼친다. 어떤 일들이 발생할지 모르지만, 우리의 작은 행동 하나하나는 분명 큰 성공으로 가기 위한 과정에 없어서는 안 될 것이다. 내가 하는 행동들이 어떤 날갯짓을 하고 있는가? 나 또한 다른 사람들의 영향을 받듯이 다른 사람들도 나의 영향을 받고 있는 것이다. 서로 좋은 날갯짓을 통해 우리의 각박하고 복잡한 세상이 조금은 더 살만한 세상으로 변할 수 있을 것이다.

씨앗에서 싹이 나고 나무가 자라서 열매를 맺는 것이다. 몇 백 년이 되어 한 마을의 보호수가 되는 나무도 처음에는 작은 씨앗에 불과했다. 세상에 당연한 것은 없지만 무엇이든 당연하게 만든 것은 그만큼의 행동이라는 수많은 과정들이 있었다. 무엇인가를 배우며 행동을 하지만 그 행동들은 또 다른 행동을 낳는다. 절망에서 희망으로 바꾸려고 노력한 행동의 결과였다.

해보지도 않고, '어차피 난 안 된다고 생각하는 대신, 난 잘 할 수 있어!'라고 행동한다. 결심만 하며 시간을 보내는 바보 같았던 자신을 허공 속에 날려버려야 한다. 과거를 훌훌 털며 행동을 한다면 새로운 나로 다시 태어날 수 있으며 변화를 받아들이면 가벼워진다.

우리는 꿈을 꾸며 결심만 하는 바보가 되기 위해 태어난 것이 아니다.

그 꿈을 이루기 위해 태어났다. 언제 실행할지 고민만 하지 말고 지금 당장 움직여야 인생이 바뀌는 것처럼, 많은 사람들이 생각은 많지만 현실의 제약을 받는다는 이유로 실행을 항상 미룬다. 행동으로 생각을 지배해야만 포기하지 않고 원하는 꿈을 이룰 수 있다.

내가 원하는 것이 무엇인지 모른 채 습관적으로 지식 쌓기에만 급급했다. 해야 할 일을 알고 있는데도 하지 않았다. 결심만 하는 나의 나쁜 습관과 용기 부족 때문이라고 합리화를 했다.

하루를 소중하게 보내고 가슴 뛰는 삶을 살아야 한다.

인생을 즐겁게 살아가기 위해서는 결심만 하며 꿈을 이루지 못하는 대신 변화를 두려워하지 말고 변화를 받아들이며 즐거운 상상을 하자.

결심만 하는 바보는 되지 말자. 이미 이루어진 것처럼 생각하고 행동하자.

07

나의 행복을 **남**에게 맡기지 마라

행복이란 누가 주는 것이 아니라
스스로 찾는 것이다.

– 도스토예프스키 –

신랑과 연애하던 시절 나의 감정들을 이해해주지 못하는 것 같아 과감하게 헤어질 핑계를 찾던 중 신랑과 궁합을 보게 되었다. 만나지 말라고 말해주길 바라며 찾았는데 우리 둘 사이는 천생연분이라고 했고, 그 말이 씨가 되어 결혼까지 하게 되었다. 그렇다고 나의 행복을 전적으로 믿고 맡긴 건 아니었지만 힘이 들 땐 구원의 손길이 필요해서 종교를 찾듯 나 역시도 그런 마음의 손길이 필요했었다.

신랑이 멋져 보이는 건 '천생연분'이라는 키워드 때문이었고 몇 달 안 되어 결혼을 했다. 그렇게 우리는 행복한 부부가 되었다.

결혼 10년 차, 그런데 아직 아이는 없다. 자연유산으로 아이를 잃었고 아기를 갖기 위해 시험관 시술도 시도했지만 실패 후 심리적으로 힘이 많이 들었다. 고양이를 딸처럼 8년 키웠는데 예방 접종 백신 바이러스로 종양이 재발하여 얼마 전에 무지개다리를 건넜다. 지금은 언니의 지인 소개로 새끼 고양이 한 마리를 분양받아 아들처럼 키우며 신랑과 소꿉놀이하듯 살고 있다. 서로 아껴주면서 각자의 일도 열심히 하고 서로를 아껴주며 산다. 자녀가 없어도 다른 사람과 비교하지 않고 기적 같은 오늘을 최선을 다해 열심히 살기로 했다. 말에는 보이지 않는 강한 힘이 있으며 성공하는 사람은 긍정의 말을 하고 긍정을 끌어들인다. 일상에 지쳐서 소중한 것들을 놓치며 살지 않도록 노력할 것이다.

나의 마음과 생각들을 1순위로 둔 적이 있었던가? 내가 중심이 되어 내 뜻대로 살아보았던가? 나의 행복은 내가 만드는 것이다. 불행도 행복도 내가 만드는 것이다.

그리고 나의 마음을 돌보는 시간이 필요하다. 세상에서 가장 소중한 자신에게 노력하는 것이 기적이다.

나의 마음이 이끄는 대로 하지 못하고 타인에게 맞추기만 하는 삶을 보냈다. 나의 멋진 삶을 누군가가 함부로 대하는 것이 싫었다. 나의 마음이 즐거운 곳이 어디인지 이곳저곳 다양한 곳을 찾다가 내 마음을 표현하는 그림을 만나게 되었다. 스스로 치유해가는 과정은 다름 아닌 겁나고 험난한 여정이었지만 점차 행복한 삶의 여정이 되었다.

만약 누군가 자신이 무엇을 좋아하는지 찾지 못했다면 많은 생각과 계산을 하지 말고 좋아하는 것을 우선 해보라고 말해주고 싶다. 왜냐하면 그냥 해봐야 아는 것이며 그 행동으로 좋아하는 일을 찾을 수도 만들 수 있는 것이다. 좋아하는 일은 가만히 앉아서 기다리는 것이 아니라 내가 세상을 향해 찾고자 노력해야만 찾을 수가 있는 것이다.

인간관계에도 물리학자 뉴턴의 '관성의 법칙'이 존재한다. 관성의 법칙이란 움직이는 물건은 계속 움직이려 하고 정지한 물건은 계속 정지하고 있으려 하는 것으로 누군가를 도우려면 계속 돕게 된다. 미루거나 남에게 맡기다 보면 자꾸 남들에게 의존하게 되어 내가 부족할 때 의존하는 것은 건강하고 적당하게 의존하는 것이 좋다. 지나치게 너무 많이 의존하는 것은 나의 마음도 관성의 법칙처럼 누군가를 위하는 마음이 더 커져 나를 잃어가는 것을 당연하게 여긴다. 행복한 감정이 클수록 더 많은 행복이 꼬리에 꼬리를 물고 따라온다.

사람들이 가장 행복하다고 느끼는 순간은 자신이 누군가에게 필요한 사람이 되었을 때이다. 다른 누군가를 행복하도록 도와주는 역할을 하며 그럴 만한 능력이 있을 때이다. 나의 행복이 차고 넘치면 자연스럽게 다른 사람에게도 행복이 흘러간다. 하지만 나에게는 나눠줄 만한 행복이 없었다. 그래도 우리는 밤하늘의 별처럼 다양하게 빛나는 세상의 빛이다.

"오늘 하루도 힘들었을 텐데 어떻게 참았니? 넌 참 대단해."
"넌 항상 최고야! 나는 항상 네 편이야!"

가장 소중한 자신과의 대화를 위해 끊임없이 내면에 귀를 기울여야한다. 그리고 내 감정의 주인은 더 이상 다른 사람이 아니라 바로 나다. 다른 사람과의 화해가 아닌 자신과의 화해가 가장 어렵다. 사회생활을 하며 마음에 고통을 주는 어두운 감정들은 그림을 그리는 동안 어루만지며 부정적인 사고를 긍정적인 사고로 새롭게 바꾸는 연습을 할 수 있다. 스스로 비난하는 마음이 없어지고 편안해졌다. 그리고 내가 좋아하고 진정 원하는 일을 찾을 수가 있게 되었다.

각자 자기가 서 있는 자리에서 가장 자신답게 살아야 한다. 그 누구의 눈치도 보지 말고, 무엇이 되어야 하고, 무엇을 이룰 것인지, 자신의 삶을 직접 만들기 위해 만나는 장애물들은 내가 원하는 소중한 나의 삶을 스스로 만들어갈 뿐이다. 인간의 목표는 소유와 소비가 아니라 존재하는 것이다. 인간은 평생 살 수는 없다. 항상 현재는 나의 행복을 위해 최선을 다해 살아야 지금 이 순간을 놓치지 않을 수 있다. 이는 곧 자신의 운명이 된다. 나는 불행해도 괜찮다고 안일한 생각으로 행복을 양보하여 나약한 마음과 지혜롭지 못한 생각에서 나온 행동들이었다. 나의 행복을 받는 대상은 반응에 따라 결정되는 것이 아니기에 인간은 '목표 지향적인 존재'이며 과거에 의해 끌려가는 존재가 아니다. 미래의 목표를 향해 창조적으로 나아가는 존재이다.

남에게 나의 행복을 맡기는 것은 종속된다는 것이다. 나의 행복은 내가 만든다. 하고 싶은 것들을 하며 말하고 행동을 하면서 그것을 이루기 위해서는 많은 용기와 내공이 필요하다. 나의 안에 있는 감정들을 표현하고 소통하는 방법으로 하고 싶은 말을 참으며 나의 감정을 표현하는 것으로 해소를 해야 한다. 나의 상처와 불행을 딛고 행복할 수 있을까? 하고 의심하기보다는 그대로의 나를 믿고 살다보면 조금씩 점차 나아질 것이다.

마음속으로 자신과 대화하며 감정을 이해해야 남을 이해할 수 있다. 나를 위로하고 알아가는 과정이 필요하다. 상처로 자신의 행복보다 다른 사람의 눈치를 보며 살았기에 자신을 믿지 못한다. 소중한 자신의 행복을 남에게 기대하며 살지 않도록 해야 한다. 현실을 받아들이고 세상과 맞서 도전을 하며 앞으로 나아가는 것을 의미한다.

인생도 마찬가지로 수많은 장애물에서 넘어지고 견디지 못해 나의 삶에서 회피하고 달아나고 싶었다. 이젠 넘어져도 다시 일어나는 삶의 태도와 마음가짐으로 달라졌다. 그리고 강해졌기에 나의 행복을 기대지 않고도 행복할 수 있다. 어떤 어려운 상황이 와도 우리의 존재 가치는 변함이 없다. 어떤 고난이 와도 나의 소중한 꿈과 희망을 잃지 말자. 나의 행복은 나의 것이다.

내 인생의 주인은 나라는 것을 명심해야 한다. 나의 행복을 위해 당신은 무엇을 하는지 살펴볼 수 있다. 하루에 단 몇 분이라도 당신을 행복하게 하는 것에 집중해야 한다. 행복을 끌어들이며 사는 것이 이 세상에서 그 무엇보다 가장 중요하다. 우리가 사는 지금 이 순간은 마음먹은 느낌대로 존재하는 것이며 행복은 지금 당장 행복하겠다고 마음만 먹으면 얼마든지 행복해질 수 있다. 내가 소중한 이유는 타인이 그렇다고 믿는 것이 아니라 내가 그렇다고 믿기 때문이다. 자신의 단점은 이 세상에 쓸모없는 사람이라고 남에게 평가만 받는 삶이다. 온통 인정받기 위해 노력하는 것보다 자신에 대해 그 누가 아닌 스스로 결정하는 것이 진정한 행복이다.

08

이미 **이루어진 것**처럼 행동하라

누군가가 그의 꿈을 향해 확신을 갖고 나아가고, 그가 상상하는
삶을 살기 위해 노력한다면, 그는 예기치 않게 성공할 것이다.

- 헨리 데이비드 소로 -

자기 분야에서 뛰어나게 성공하여 앞서나가는 사람들에게 있는 공통
점이 있다. 그것은 생생하게 자신의 꿈을 이미 이루어진 것처럼 행동한
다는 것이다.

행동에는 용기가 있고 힘이 있으며 아리스토텔레스는 "용감해지려면
용감한 것처럼 행동하면 된다."고 했다.

먼저 행동하다 보면 생각과 성격도 따라서 변한다. 나는 생각이 너무
많은 편이라서 행동으로 옮기기까지 계획을 상세하게 짜느라 오랜 시간
이 걸린다. 생각이 많아도 행동으로 옮겨지지 않으면 아무 소용이 없다.

작은 성공들이 모여 큰 성공을 이루듯이 작은 행동들이 더 나은 내가 될 것이라는 기분 좋은 상상력을 발휘한다.

"오늘 나의 꿈을 위해 무엇을 행동했는가?"

마르틴 루터는 "모든 위대한 책은 그 자체가 하나의 행동이며 모든 위대한 행동은 그 자체가 한 권의 책이다."라고 했다. 먼저, 자신이 원하는 것을 구체적으로 상상하고 자신이 원하는 것이 이루어진 것처럼 느끼고 행동하는 것이 성공의 방향으로 간다.

행동은 생각을 이기는 힘이 있으며 최면을 걸면 생각처럼 작품이 잘 된다. 만약 꿈만 꾸고 집에서 생각만 하고 있었다면, 그리고 실천해보지 않았다면 취업하는 것을 매일 미루며 게으름 속에 파묻혀 살았을 것이다. 아무리 원대한 꿈이라도 생각만 한 것과 그 생각을 행동으로 옮긴 것과는 차이가 크다. 작은 행동들 하나하나가 목표를 성취하는 과정들인 것이다.

누구나가 새로운 도전에는 많은 불안감을 갖고 있다. 그리고 부정적인 감정들은 행동을 가로막는다. 자신의 실패를 경험 탓으로 움츠리지 말고 당장 행동해야 한다. 내가 어떤 일을 할 때 가장 설레고 가슴 뛰는지 그것을 알아야 자신이 원하는 삶을 살 수가 있다. 평생 불행하게만 살 것 같았던 나에게 언제라도 손을 내밀어주는 친구와 같다. 존재의 소중함과 감사함으로 행복하다는 것을 처음 느껴봤다.

점심시간과 퇴근시간을 이용해 도서관을 자주 다녔다. 쇼핑을 하듯 뷔페에서 먹고 싶은 음식을 고르듯 이리저리 종류별, 코너별로 읽고 싶은 책 위주로 마음껏 자유롭게 골라서 책을 읽을 수가 있으니 지상낙원이었다. 하지만 빛 좋은 개살구처럼 그렇게 큰 바다에서 수영 방법을 몰라 헤매며 물에 빠져 있는 것 같았다.

새로운 꿈이 생겨 그 꿈은 나에게 '선물'로 자연스럽게 다가왔다. 나의 가치와 존재의 소중함을 깨닫게 되었고 삶을 있는 그대로 받아들였다.

신기한 것은 어느 순간에 나에게 책이 잘 읽혀지는 것을 경험했다. 두뇌지식이 아닌 마음의 여유 문제였다는 것을 알아가게 되었고 힘들 땐 쉬었다가 일어나 멈추지 않고 용기를 내어 회사를 다녔고 매일 아주 조금씩 무언가 해나가고 있었다. 나는 날마다 식물이 자라는 것처럼 변해가는 것을 지켜보면서 이 순간의 행복한 내가 되기 위해 행동했다. 나의 꿈이 이루어진 것처럼 행동을 하니 많이 부족한 내가 보였고 더 열심히 살아가야 할 일들이 많았다. 결핍이 에너지가 되어 부족한 부분을 채우기 위해 바쁘게 살지 않으면 안 되는 청춘 시절이 좋은 추억으로 자리 잡고 있다.

아, 이래서 시작이 반이라고 했나 보다. 일을 최대한 미루다가 흐지부지하게 포기하는 경우도 있었다. 나쁜 습관을 고치기 위해 일주일에 1권으로 시작해 2일에 한 권씩, 나중엔 1일에 1권씩 책을 읽어나갔다. 나의 모든 경험들은 이미 이루어진 것처럼 행동하는 것이 가장 첫 번째가 읽기부터였다.

생각에 따라 행동이 달라지는 것처럼 꿈을 이루기 위해서는 꿈을 이룬 마음을 갖고 행동해야 한다. 인간은 복잡한 존재이기에 어떤 각도와 측면에서 바라보느냐에 따라 다양하게 해석된다. 인간의 마음과 행동을 과학적으로 연구하는 학문인 심리학에서는 인간을 바라보는 관점에 따라서 다양한 이론들이 존재한다. 관찰할 수 있는 것은 마음이 아니라 행동이며 계획한 행동을 하지 않으면 자책감이 올라온다. 불안한 마음은 이미 성공한 사람처럼 행동하면서 성공자의 삶을 살아야 한다.

인간에겐 생물학적인 변화보다 정신적인 변화가 더 중요하다. 정신적인 변화가 삶의 질을 결정한다. 인생을 어떻게 살 것인가에서부터 오늘 하루를 어떻게 잘 지낼 것인가의 문제는 더 이상 사소한 것이 아니다.

지나간 과거에만 머뭇거리기엔 인생은 너무나 짧다. 삶에 대한 사랑으로 바꾸기 위해 현재를 열심히 살면서 미래를 본다면 지금보다 더 나은 삶을 맞이할 것이다. 대부분의 사람들은 문제가 생기면 '환경'이 바뀌기를 바라며 수동적인 자세를 취한다. 적극적으로 목표를 정한 후, 꾸준히 노력해야 한다. 새로운 경험은 세상을 바라보는 시각을 변화시켜 이전과 다른 관점으로 세상을 바라보게 된다.

성공은 '행동'을 통해 실현된다. 생각한 것은 열정과 성취감으로 연결되도록 해주어야 하고 행동하는 것은 누군가가 대신해 줄 수 있는 일이 아니라 스스로 만들어가야 가능해진다. 오늘 하루는 소중한 삶의 시작이고 당신은 이 세상에 하나뿐인 우주이다. 현재를 바꾸는 방법은 지금 행동하면 된다.

나의 삶이 현재 진행형으로 잘 살아갈 수 있으려면 아무리 힘든 시련과 고통이 와도 겨울은 가고 봄은 오듯이 우리 모두의 삶은 현재 진행형이다. 내가 사회에 첫발을 내딛을 때 그냥 돈만 잘 버는 것이 목표가 아니다. 우리는 항상 소중한 것을 잃고 나서야 가치를 깨닫는다. 행동해야 하는 것이며, 혼란스러운 삶 속에서도 자신을 잃지 않기 위해 세상과 마주해야 하듯이 소통은 나를 찾아가는 첫걸음이다. 자신만의 독창적인 스타일을 추구해온 수많은 예술가들처럼 당당하게 그리고 이미 당신이 원하는 꿈을 향해 나아갈 수 있다.

세상은 도전하는 자의 것이다. 보다 풍요롭고 충만한 삶이 가능한데도 자신의 한계를 미리 정해놓으면 자신이 원하는 행복과 멀어진다. 나쁜 습관을 지혜롭게 놓아준다. 좋은 습관은 삶을 행복하게 만든다.

누구에게나 재능은 있다. 그것을 발견하여 키워가는 것이 중요하다.

이미 이루어진 것처럼 끝에서 시작해야 한다. 나의 삶을 원하는 대로 살기 위해서는 용기가 필요하다. 자신이 원하고 이루고자 하는 것이 있다면 마치 이루어진 것처럼 믿고 행동하면 원하는 것을 더 빨리 성취할 수 있다. 만약, 운동선수가 되고 싶다면 이미 운동선수가 된 것처럼 당장 운동을 시작해야 한다.

이미 이루어진 것처럼 상상하고 행동하면 더 빨리 성취할 수 있게 된다.

오늘부터 시작하면 자신이 원하는 것을 이룰 수 있다.

4장
___

하루하루가
마지막 날인
것처럼 살아라

내일이 기대되는 **오늘**을 살자

예술가는 사회에 대해 항상 생각해야 한다. 예술가가 제시하는 것은
그의 사회적 환경이고, 그가 밟은 땅이며 그의 주변을 둘러싼 세상이기 때문이다.

– 쩡판즈 –

영국의 팝아트 거장인 데이비드 호크니는 "벽에 걸린 그림은 영화와는 다르다."고 했다.

"그림은 움직이지도, 말을 하지도 않지만 긴 생명력을 가지고 있으며 그림은 더 오래 지속될 것이다."라고 했다. 새로운 방법으로 끊임없이 그림을 그리며 탐구하는 예술가이다. 자유롭게 작품 활동을 하는 것처럼 그림을 통해 사람들과 소통을 한다. 화가는 눈과 마음으로 많이 보는 사람이다. 인간이 겪는 감정들을 다룬 그림들은 사람들에게 공감과 위로를 준다.

내가 좋아하는 일이 있으면 내일이 기다려질 것이다. 내일이 기다려지는 진짜 삶을 바란다면 진정으로 좋아하는 것을 찾게 될 것이다.

세상에는 소중한 것들이 가득하다. 소중한 것이 없는 삶보다 소중한 것이 있는 삶이 더 행복하다.

아이들은 좋아하는 친구의 생일파티에 내일 간다고 하면 행복한 표정으로 내일이 너무 기다려진다고 한다. 내일이 기대되는 오늘을 사는 것이 한 번뿐인 소중한 자신의 인생을 잘사는 것이다.

인간관계에서 좋은 사이를 유지하기 위해서는 각자 서로의 공간이 필요하다. 가족은 가장 가깝기 때문에 상처를 쉽게 받을 수 있다. 미술 수업을 하면서 지나친 완벽주의의 엄마로 아이가 힘들어 하는 것을 보았다.

어린이가 좋아하는 그림보다는 입시미술처럼 정형화된 그림만을 어린아이가 그리기를 원하셨다. 창의적인 작품이 아닌 정형화된 입시 스타일은 반복적인 연습을 통한 주입식교육이다. 아이들은 생각하는 힘을 기를 수 있게, 창의적이고 독창적이며 개성 있게 작품을 표현하는 적극적인 태도가 중요하다.

우리는 어려서부터 치열하게 경쟁을 하고 등수를 매기는 것에 익숙한 환경에 노출되어 있다. 미술을 평가하는 것은 과정이 아닌 결과물로 판단하지만 미술을 평가하는 중요함은 과정이 되어야 한다.

유대인의 엄마들은 결과보다는 과정의 중요성을 위해 부모와 자녀는 대화와 소통을 하고 결과는 모든 과정을 보여주지 못한다. 아이의 미래를 위해서라도 정서적으로 독립되게 키우도록 노력해야 하며 재촉하지 말고 아이가 스스로 할 수 있게 기다려줘야 한다. 결과와 경쟁에서 이기는 것에만 치우치지 않게 해야 된다. 예술은 자신의 생각을 자유롭게 표현하고 즐기는 것이다. 결과와 과정 둘 다 조화를 이루는 것이 가장 좋다.

나도 자신과의 싸움에서 이기고 싶어서 그 과정을 순수하게 즐기지 못하고 결과에만 신경을 썼다. 진정으로 행복한 사람은 결과에 기쁨을 느끼는 사람들보다 과정을 즐기는 기쁨에 더 행복한 모습을 보인다. 성과에만 과하게 초점을 두지 말고, 나의 행복과 즐거움을 위한 것이어야 한다.

박휘락 교수는 저서 『미술감상과 미술비평 교육』에서 바람직한 미술교육은 '미적으로 제작하고, 보고 느끼며, 말하고 이해한다.' 즉, 긴밀한 상호관계 속에 통합적으로 이루어져야 한다고 했다.

다른 사람과의 비교는 스트레스 받는 상황이긴 하지만, 성장하는 데 도움이 되기도 한다. 하지만 인간의 만족이란 끝이 없다. 완벽주의자 해결법으로 세상에 완벽함은 존재하지 않는다는 것을 받아들이자.

모든 사람을 다 만족시키려 하지 말고 자신을 있는 그대로 인정하면 우리는 완벽한 기계의 품 안에서 살게 된다. 인간에게도 완벽함을 요구받으며 살아가고 있는 우리 사회가 만든 눈에 보이는 완벽함만으로 밖에서만 찾지 말고 내 마음 속에 완벽함을 추구해야 한다.

실패와 실수를 하지 않으려고 아무것도 안 하는 게으른 사람은 되지 말자. 다른 사람들과 비교하지 말고 완벽하기를 꿈꾸는 것을 이젠 멈추고 자기 삶의 주인으로 아무런 압박도 주지 않아야한다. 완벽주의와 이별을 하고 흐르는 물처럼 유연하게 살아 있는 시간은 나를 위해 채워가며 우리는 소비를 통해 세상과 소통을 하고 그 속에서 나를 발견하게 된다. 인간은 생각하는 동물이지만 이젠 무엇을 소비해야 하는지 고민하는 것이 일상이 되었다.

새로운 그림을 그렸다고 해도 전에 갖고 있는 틀에서 자유롭지 못한 것은 새로운 관점을 제시해주지 못한다. 예술은 더 이상 텅 비어 있는 하얀 캔버스 위에 물감으로 그림을 그리는 것만이 아니다. 예술은 무엇이든 될 수 있다.

우리는 누구나 예술가가 될 수 있다. 예술은 심리적 변화를 일으키는 모든 시도들은 수업시간에 그리는 낙서들도 모두 예술이 될 수 있는 것이다. 우선 '나는 완벽할 수 없다'고 스스로를 인정해주면 모든 것은 괜찮아진다.

삶은 예술이다. 지나간 나와 기대되는 내일의 나를 오늘의 내가 만나 항상 새롭게 다시 태어나는 것이다.
어제는 지나간 과거이고, 내일은 아직 오지 않은 미래이다. 내일이 기대되는 오늘은 신이 주신 최고의 선물이다.

누구의 감정이 아닌 **나의 감정**에 충실하자

나는 다른 사람의 칭찬이나 비난에 신경 쓰지 않는다.
그냥 나 자신의 느낌만을 따른다.

- 볼프강 아마데우스 모차르트 -

모든 사람들은 저마다 감정을 다르게 느끼며 같은 시대를 살아간다. 우리는 자신의 감정을 점점 더 알지 못한 채 감정을 스스로를 억압하고 외면하는 것이 일상화되어 있다.

감정의 노예로 사는 사람은 화가 나면 타인의 탓을 하면서 살고, 감정의 주인으로 사는 사람은 자신의 감정이 어떤 상태인지 알아차리고 선택하여 행동한다. 정신과 의사이자 심리학자인 빅터 프랭클은 "자극과 반응 사이에는 공간이 있으며 그 공간 안에는 우리가 선택할 수 있는 힘이 있다. 그 선택이 우리의 성장과 행복에 직접 관련이 되어 있다."고 말했고 경험에서 온 자극과 반응 사이의 공간을 어떻게 활용했는지 경험에 따라 반복하는 경우가 많았다. 공간을 활용하기 위해 외부의 자극을 받는 순간 멈출 수 있어야만 한다. 멈출 수 없다는 건 나의 선택에 의한 반응을 주인인 나조차도 어떻게 할 수가 없었다. 습관처럼 하던 반응을 하고 후회를 할 가능성에 무게를 실어 우리는 자유롭고 행복한 방법을 선택하기 위해 공간이 있음을 잊지 말아야 한다. 새로운 습관을 만들어 자극을 받으면 반응 전에 공간을 거치도록 만들어야 하고 공간 안에 우리의 행복과 희망이 있는 것이다.

아침에 눈을 뜨면 기분이 괜찮을 때도 있고 그렇지 않을 때도 있는데 나의 감정에 충실해지기 위해 자연스럽게 천천히 물 흐르듯 시간에 맡긴다. 나를 느끼다 보면 우리는 끊임없이 어떠한 움직임에 의해 조금씩 변하면서 살아가고 있다는 것을 알 수 있다.

프랑스 발레의 암흑기를 그린 화가 에드가 드가는 어떤 방향성이 여러 가지 주제를 다루었다고 한다. 인공조명을 받으며 움직이는 발레리나와 가수를 그렸는데 그의 그림은 주제를 정확하게 표현하는 소묘 능력이 있었고 화려한 색감이 넘치는 감각들을 그림으로 표현하였다. 드가는 움직임의 그 순간을 포착하여 자신만의 시점으로 느끼는 자신의 아름다운 '감정'을 그림에 담아 표현을 했다. 사물은 우리 모두와 똑같은 모습이지만 사람은 노력과 의지를 통해 예술가가 된다.

감정은 순식간에 사라져버리는 추상적이고 상대적이며 주관적인 것이다. 나를 사랑하기 위해서는 감정을 이해하고 충실해야 한다.

하지만, 상황에 따라 내 안에 일어나는 감정의 변화들을 볼 수 있는 주체는 나지만, 나의 감정 변화를 알기 위해 객관적으로 보아야 살필 수가 있다. 오늘날 경쟁 속에서 스트레스 증가로 부정적인 감정을 가까운 사람들에게 분출하고 후회하기를 반복한다. 기분이 좋을 때는 모든 것이 멋지고 아름답게 보이지만 기분이 좋지 않을 때는 모든 것이 엉망으로 보이는 것이 감정의 변화 때문이다. 감정에 최선을 다해도 나를 싫어하는 사람과 좋아하는 사람이 있을 것이다. 어렸을 때부터 나는 미움을 받지 않기 위해 내 감정에 충실하지 못하며 살아왔지만, 결국 그건 부메랑처럼 나에게 다시 돌아왔다. 어른이 되어도 못 찾은 인생의 의미를 예술 경험으로 찾을 수 있었으며, 내가 내린 결정을 서툰 표현으로나마 용기 내 표현했다. 주변 반응이 좋지 않으면 서툰 표현도 어렵게 받아들인 것을 내가 느낀 감정의 주인으로서 감정을 제대로 느끼지 않고 사는 것이 더 이성적이라며 합리화를 했다.

처음에는 일하는 것이 즐거웠지만 어느 순간 친절함이 의무감과 책임감으로 힘이 들었다. 그것을 감정노동이라 생각했으며 스트레스를 풀지 못해 즐거울 때는 괜찮다가도 사정이 생기거나 몸이 아프고 지쳐 있으면 고객한테 좋지 않다. 기분은 내색하지 못하고 타인만을 위해 나를 죽이는 것이 너무 힘들었다. 자신의 감정을 절제하면서 타인의 감정을 위한 끝나지 않는 계속된 고뇌였다. 죽을 만큼 힘들었지만 나의 감정을 지키지 못하는 것들은 나를 뺀 모든 주변 사람들의 눈치를 본다. 다른 사람의 감정의 주인이 아닌 나의 감정의 주인공은 그 누가 아닌 내가 만드는 것이었다. 다른 사람의 감정과 기분에 따라 행동하지 않기 위해 아무리 노력을 해도 바보같이 자신의 감정을 다스리지 못해 자책을 한다. 웃고픈 현실의 벽을 인정해야 충실했다고 말할 수가 있는 것은 아니다.

감정을 사용하기 위해서는 조절하는 법을 먼저 배워야 한다. 감정의 힘은 매우 강력하다. 우리가 평상시에 느끼는 감정들, 기쁨, 분노, 슬픔, 즐거움 등에도 이름이 있는 것처럼 인간관계에서 상처받지 않아야 한다. 그러기 위해 가장 먼저 자신의 감정 상태를 받아들일 건 받아들이고 흘려보낼 건 잘 흘려보내는 지혜로움이 필요하다.

어린아이들은 자신의 감정을 잘 표현하지만, 점점 자라 학교에 가고 사회생활을 하면서 그걸 숨기고 참으며 억누르게 된다. 나는 하늘 아래 외로이 완전하게 혼자일 때가 있었는데 그런 깨달음이 있고 그림을 배우며 발견한 것은 어떠한 감정에도 나를 지켜내야 하는 연습과 노력만이 나를 지킬 수가 있다는 것임을 알게 되었다. 가랑비에 옷 젖듯이 억누른 감정을 솔직하게 풀어놓아도 가장 안전한 곳이 필요하다. 친한 친구에게 나의 솔직한 감정을 표현했다가 오해가 생기기도 하였고 같은 핏줄이라고 허심탄회하게 말하면 전화를 끊고 나서의 화끈거리는 창피함은 오로지 나의 몫이 되었다. 감정은 말과 행동으로도 다르기에 나만큼 나의 감정을 이해해줄 수 있는 사람도 자신을 제외하고는 극히 드물다.

나를 가로막고 있을 때 나만의 안전한 장소에 가면 풀어헤친 주관적인 감정을 객관적으로 바라볼 수가 있다. 내가 힘들 때마다 내 마음을 내 마음처럼 이해받지 못했다고 생각했다. 감정 구걸을 하듯 가까운 가족과 친구들 탓을 하면서 인간에게는 감정을 선택할 자유가 있다며 나는 내 뜻대로 안된다고 이기적인 마음은 나쁘다는 생각에 회피하고 덮어두었다. 하지만 부정적인 작은 감정은 점점 더 커져서 눈덩이처럼 커져 나를 갉아먹는다. 한 번에 화산 폭발하듯 터진 뒤에 자책을 한다.

사람은 진실을 포장한 불편한 감정들을 멀리 피하고 "슬픔이 있기에 기쁨의 순간도 있었던 거야!"라는 영화 속 대사처럼 우리는 슬픔을 통해서 타인과 공감을 한다. 그냥 느끼는 기쁨보다 슬픔을 겪은 후의 기쁨은 더 크게 다가온다.

내면의 진짜 감정을 알아야만 해결할 수 있다. 인간은 감정 때문에 극

단적인 선택과 감정은 인간이 살아가는 데 아주 중요하며 자신의 감정을 있는 그대로 존중받아본 사람들은 생기가 있고 자기의 진짜 감정을 드러 내는 것만으로도 중요하다. 나의 감정에 충실하다가도 다른 사람들과 만나서 소통하는 것이 에너지를 많이 소모시켜서 다른 사람들에게 맞춰주느라 내 안에 있는 나를 진정 사랑해야 할 사람은 자신이다.

진정한 나로 살기 위해 다짐을 했다. 내 안에 있는 나의 솔직한 감정들을 깨닫게 되었고 상처받은 마음을 토닥여주게 되었다. 오히려 나의 불안한 감정들은 안정감이 들었다. 나의 감정들과 피하지 말고 마주할 수 있도록 먼저 몇 초간만이라도 반갑게 맞이하여 화가 나면 화를 내어도 괜찮다. 우리는 다양한 감정들 앞에서 부정적인 감정은 버려야 할 나쁜 감정이라고 여긴다. 다양한 감정들이 존재하는 것을 그냥 받아들이면 된다.

사물의 움직임을 통해 관찰하다 보면 단순한 변화가 아니다. 세상은 그 자체만으로도 아름다움에 눈뜨게 된다.

감정이란 자신의 경험에 따라 만들어지는 것이다. 행동하는 것이 바람의 방향이 바람에 따라 변해가듯 인간의 감정도 실체가 없이 변해가고 흘러가는 것처럼 인생을 살면서 상처를 해석하는 것은 삶의 주인이 되어

당당하게 이끌어가야 한다. 세상에 가장 소중한 사람은 나였으며 남들의 기준에 맞춰 칭찬을 바라는 삶은 결코 행복할 수 없다.

자신보다 타인만을 위하고 바라는 나로 살아가지 않기 위해 우리의 감정은 하루 종일 우리 자신을 지배한다. 정서적 안정감으로 외적 자극에 휘둘리지 않으며 감정의 주인으로서 스스로 긍정적인 자기암시를 해야 한다. 자신의 감정들을 외면하기보다 다양한 감정들을 받아들이자.

감정의 주인으로 편안하고 가볍게 주도권을 갖고 내가 원하는 방향으로 나아가야 한다. 마음이란 시공간이 없으며 우리의 마음 안에서 작용하고 있는 것이다.

왜 보다 **어떻게 사는 것**이 중요하다

위대한 사람은 아이디어에 대해 이야기하고, 평범한 사람은 사건에 대해 이야기하고,
편협한 사람은 남의 험담을 하거나 남을 판단하길 좋아한다.

― 하이먼 리코버 ―

"기계와 같이 하루하루를 살아온 사람은 팔순을 살았다 하더라도 단명한 사람이다."

피천득님의 글처럼 사람은 나이가 들면 들수록 자기만의 생각이 고집스럽게 완고해진다. 나이를 먹는다고 누구나 어른이 아니듯 나이에도 향기가 있음을 느끼는 진정한 어른으로 살아가고 싶다.

인간은 누구나 잘 늙고 싶어 하지만 사람은 경쟁을 통해서 원하는 그 목표를 이룬다 해도 만족하는 행복은 얻을 수 없을 것이다. 행복은 남과 비교하기보다는 적절하게 자기 것의 의미를 부여하여 균형감을 갖고 치

우치지 않아야 스스로 만족할 수 있다. 인간의 존재는 이유가 없고 존재하기 때문에 생각을 하고 이유를 찾는 것이다.

누구에게라도 이해받고 싶지만 산다는 건 무엇이고 나는 왜 이곳에 있는 것인가? 인간의 존재성은 알고 싶어 하고 탐구하는 지식의 여정이다. 지구상에 올 때는 왜 왔는지 모르지만 죽음으로 갈 때는 답을 알고 가야 하는 것이 우리 삶의 과제이자 존재의 이유이다.

왜 사는지는 창조주만이 알겠지만 이 땅에 태어나 던져지듯 주어진 인생을 살아야만 한다면 어떻게 집중하며 사는 것이 중요하는지에 객관적으로 성찰할 기회를 갖는 것은 신의 축복이다. 일어난 문제를 어떤 생각과 태도로 대하는 것이 중요하다.

사람은 하고 싶은 것을 못했을 때 가장 불행하다고 느낀다. 어느새 내가 그 누구도 아닌 온전한 나로 살며 개인주의가 아닌, 나만 아는 이기심 속에 사는 사람으로 비춰진다면 그것이 과연 누구를 위한 것일까?

나는 행복하다는 것을 많은 경험으로 알게 되었다. 지나가는 말의 상처를 내 스스로 나만의 문제라고 생각했다. 더 큰 상처를 주며 나다운 삶을 살기 위해 필요하지 않은 것은 과감하게 버릴 수 있어야 나의 행복은 내가 만드는 것이며 내가 지킬 수 있다.

우리는 어떠한 질문을 할 때 왜? 라는 말은 부정적인 질문 같고 어떻게? 라고 질문을 하면 긍정적인 느낌을 받는다.

때론 욕구에 지나치게 매달리면 자칫 삶 자체로 느껴야 할 보물들이 고물같이 느껴질 때가 있다. 열정과 신념이 소진되기 전에 휴식을 위해 안식처를 찾아가야 하며 모든 재능들은 재현하고 표현해야 한다. 서서히 발전시키지 않으면 결국 서서히 사라져버린다.

우리의 삶은 도전과 개발도 필요하지만 절제를 하며 가치를 찾고 줄 타는 곡예사처럼 매일 균형 잡기를 해야 한다, 중요한 것은 현재를 왜 사느냐가 아니라, 현재를 어떻게 사느냐이다. 슬퍼서 힘들게 죽음으로 떠난 가족들을 대하면 허망하지만, 본보기가 되어 허망한 삶을 알려주고 떠나셨음을 차츰 알아가게 된다.

인간은 태어나 죽음에 이르기까지 많은 고통과 기쁨의 기억들이 많다. 모두 스스로가 만든 슬픔이지만 삶은 왔다가 다시 제자리를 찾아가는 것이기에 그것을 받아들여야 한다. 인간이 겪는 고통은 스스로 만든 것일 뿐이며, 문제와 다른 사람들은 어떻게 사는 것이 더 중요하다. 어쩌면 어떻게 잘살 수 있을지 방법을 찾으며 살아가는 사람들에게 희망을 주고 행복을 주기 위해 이 땅에 태어난 생각이 든다. 삶에는 분명 진보되지 않는 수많은 이유들이 있다.

왜 사는가? 라는 질문을 하면 답은 나오지 않을 것이다. 우리는 살 이유가 없는 것이고 존재하기에 탐구하며 살아간다. 하지만 주위를 잘 살펴보면 다양한 삶을 살고있으니 그냥 살아갈 뿐이다. 괴로운 사람도 있고 즐겁게 사는 사람도 있으며 기뻐하며 사는 사람도 있다.

다양한 삶 중에서 어떻게 살고 싶은가? 인간은 모두가 행복하게 살고 싶어 한다는 고민이 있으며 그 괴로움의 원인을 해결하여 행복하게 사는 것이 우리의 과제일 것이다. 괴로움 없이 자유로운 삶의 목적이 대학을 졸업하고 나서야 나는 누구이고, 나는 어떻게 살아야 하는지를 뒤늦게 알게 되는 분위기 속에서 서로 눈치게임만 하는 막막한 삶을 의미 있는 삶으로 살 수 있는지 고민을 했다. 방학 때, 등록금과 용돈을 벌기 위해 일을 하면서 일만 배운 게 아니었다. 돈을 벌기 위해 평생 그렇게 살게 될 것 같다는 것도 배웠다. 브레이크가 고장 난 자동차를 타고 여행을 떠난 것 같은 불안한 기분을 겪고 싶지 않았다.

졸업을 하면 돈을 위해 일하지 말고 내가 원하는 것을 찾아 일을 하겠

노라 다짐했다. "나는 실패한 게 아니다. 나는 잘되지 않는 방법 1만 가지를 발견한 것이다."라는 토마스 에디슨의 명언처럼 나도 도전한 것이 잘되지 않았을 때마다 나와 맞지 않는 것을 알게 되었고, 앞으로 나아갈 수 있었다.

일이 아니라 좋아하는 것을 놀이처럼 하고 싶었다. 기계처럼 반복된 삶이 싫어 내 인생을 하고 싶은 일을 즐기며 자유롭게 살고 싶었다. 내가 싫어하고 좋아하는 것들이 무엇인지를 몰랐기에 다시 나를 알아가는 것이 큰 부담이 되었고 어디서부터 어떻게 알아가야 하는지 막막했다.

진정한 나로 살기위해 더 많은 공부를 해야 하고 경험들이 쌓여야 꿋꿋하게 나답게 살아야 한다. 존재하는 이유조차 모르고 어떻게 잘 살아야 하는지 스스로에게 질문을 하게 되는 질문들은 삶을 이끌어주었다. 취미삼아 배운 그림을 아이들에게 가르칠 수 있어서 행복한 시간이었다. 인간은 상처받지 않고 살아야만 행복한 것은 아니다.

불안의 연속이었지만 많은 경험을 할 수가 있을 것 같았다. 내가 좋아하고 싫어하는 것을 알아가는 과정이 즐거워 불확실한 나의 인생으로 불안하지 않기 위해 확신을 갖는다면 불안하지 않을 것이다. 후회 없는 삶보다는 어떻게 해야 잘 사는 것이 중요한지 알기에 도전하는 삶이 훨씬 값진 삶이 된다. 열심히 살아가는 것은 나쁜 것을 막기 위함이고 남들보다 더 나은 삶을 살기 위한 노력이다. 다양한 도전들은 내가 무엇을 싫어하고 좋아하는지를 알게 되어 만족한 삶을 살 수 있게 해주었다.

가치 있는 인생을 위해 내게 주어진 특별한 능력을 찾아 개발해야 한다. 우리 모두에게는 각자 자신만의 특별한 능력이 주어졌지만 아무것도 하지 않으면 그 능력이 무엇인지 모른다. 찾기 위해 도전해봐야 한다. 노력하는 사람만이 찾을 수 있다.

톨스토이는 어떻게 살 것인가의 질문에 대한 답을 "끊임없이 보다 나은 사람이 되어가는 것"이라고 말한다. 우리는 저마다 다른 세상의 중심에 서 있다. 평범함을 비범함으로 바꾸어 끊임없이 배움을 통해 배운다.

위대한 삶은 우리의 상상부터 시작되어 성공자라고 생각하면 성공하듯이 어떠한 삶이 될 것인지 구체적으로 상상하고 현실화해야만 삶은 영원하지 않다고 느낄 수 있다.

하루는 24시간은 어떻게 해도 바뀌지 않는 사실이다. 그런데도 우리는 지나온 과거의 미움과 괴로움으로 시간을 허비한다. 더 이상 오늘의 행복을 내일로 미루지 말고 지금 이 순간 의미 있는 삶을 위해 빛나는 인생을 만들어가야 한다.

우리는 어떻게 살아야 하는지 알고는 있지만 또 다시 힘들어한다. 현재에서 미래로 나아가기 위해서는 어떻게 살 것인가에 대해 더 나은 방향으로 갈 수 있도록 좋은 스승을 만나는 것은 최고의 행운이다.

마크 트웨인은 "교육이란 알지 못하는 바를 알도록 가르치는 것을 의미하는 것이 아니라, 사람들이 행동하지 않을 때 행동하도록 가르치는 것을 의미한다."고 했다.

어려운 것을 쉽게 가르치는 사람이 잘 가르친다는 것은 누구나 안다. 하지만 반대로 우리의 미술교육은 너무 재밌고 쉬운 것을 어렵게 가르치고 있다. 아이들에게 미술을 가르치면서 아이들의 행복보다는 좋은 대학만을 위한 목표만 바라보다가 길을 잃고, 힘이 들었다.

미술의 '목적'보다 '목표'만을 위한 교육 평가 방법은 누구를 위한 것인가? 누구를 위한 교육인가? 인생을 어떻게 살아야 할 지 방향을 잃어 빛이 보이지 않는 어둠속에서 〈한국책쓰기1인창업코칭협회〉의 김태광 대표님을 한줄기 희망의 빛을 보았다. 그동안 나의 경험들과 생각들을 목소리 대신 글로 표현할 수 있었다. 소중한 '나'를 찾고 더 넓은 세상을 향해 나아갈 수 있게 좋은 방향으로 이끌어 주셔서 감사하다.

우리는 삶이라는 경험을 통해 진화한다. 그리고 삶을 바라보는 태도가 중요하다. 인생을 긍정적으로 받아들이고 현재를 가치 있게 여기며, 지혜롭게 소통하면서 즐겁게 보내야한다.

있는 그대로 나를 사랑하기

사랑은 무엇보다도
자신을 위한 선물이다.

- 장 아누이 -

『논어』에서 공자가 말하기를 "남이 나를 알아주지 않는다고 걱정할 것
이 아니라, 자신의 능력이 미치지 못함을 걱정해야 한다."고 했다.

내가 나를 인정하지 않으면 네가 나를 인정하지 않는다.

미래의 막연한 기대를 나누다 보면 생각이 비슷한 사람들끼리 친해지
는 것을 볼 수 있다. 소통이 되어야 친해지듯 예술도 작품과 관객의 소통
으로 감정이입이 되어 많은 눈물을 흘리곤 한다. 내가 맞다고 생각한 길
로 꾸준하게 걸어가다 불안감에 잠시 멈추고 걸어온 발자취를 되돌아보
니 미로상자 속에 빠져 있는 나를 발견했다.

작업에 너무 몰입하여 현실의 미술 흐름을 제대로 파악하지 못하였다. 겨우 탈출한 듯 그렇게 미칠듯이 좋아했던 작품들을 감상하는 것도 미술에 대한 흥미를 서서히 잃어가고 있었다. 지푸라기라도 잡고 싶은 심정이었다.

과천 국립현대미술관에서 자원봉사로 '도슨트'를 할 때였다. 미술관 현관에는 백남준의 비디오 아트 대표작인 '다다익선(多多益善)'이라는 압도적인 작품이 설치되어 있다. 1988년에 제작되어 TV 모니터 1003대를 원형 오층탑처럼 쌓아올려 높이가 18m에 이르는 작품으로, 백남준 유작 중 가장 큰 것이다. 몇 십 년이 지난 지금도 눈앞에 있는 듯 생생하다.

일주일에 한 번씩 미술관에서 관람객들에게 전시에 대한 안내와 관람할 수 있도록 도움을 주는 역할이 되어 도슨트 활동을 했다. 미술관에서 미술작품을 감상을 하는 다양한 사람들을 많이 보았다. 사람은 모두 다르다는 것을 알게 되었다.

그림에 대한 자신감이 많이 떨어져 있을 때 미술관 자원봉사는 두려운 감정을 없애주었다. 자신감이 생겼고 말로 소통하는 것이 아닌 미술에 대한 어려움을 고민하며 숨이 막혀 답답할 때 나를 되돌아보며 여유와 희망을 느낄 수 있는 의미 있는 경험이었다.

시간이 차츰 지나 누군가가 알아주지 않아도 스스로 소중한 존재라는 것은 미술을 배우며 알게 되었다. 무엇을 할 때 일에 중독되기보다는 일을 즐기는 사람이 되어야 한다. 미술을 배우기 전에는 자기 신뢰와 선택하는 법을 알지 못해 괴로움에 빠져 있으며 우리는 잘하는 일을 하면서 즐거움을 얻으면 성취감과 자신감이 생긴다. 새로운 도전을 할 때는 대부분의 사람들은 자신을 믿지 못하고 의문을 갖는다.

화실에서의 첫 미술 수업은 실기 시험 보는 기분이었다. 알려주시는 대로 배워야겠다는 마음뿐이었고 나의 꿈을 향해 첫걸음을 뗄 수 있었다. 성공하는 사람과 그렇지 않은 사람의 차이는 결국 시도하느냐 주저하느냐의 차이이며 화실에서의 생활은 잘 적응을 했다. 하루하루가 즐거웠다. 작품을 하면서 작은 성공을 통해 자신감을 키울 수가 있었고 그 무엇과도 비교할 수 없고 바꿀 수 없는 소중한 나를 신뢰할 수 있었다. 아무도 나에게 무에서 유를 창조하는 것은 즐거움이 있지만, 불안감은 계속된다. 우리가 느끼는 불안감은 죽음에 대한 불안도 연결되어있다. 그리고 살아 있음을 깨닫게 된다. 하고 있는 것에 인정을 받는다면 그 어떤 불안감과 죽음에 대한 불안감도 견뎌낼 수 있다. 자기 자신에 대한 신뢰와 세상을 향한 사랑에 대한 무한 신뢰가 생긴다. 꿋꿋이 이겨낼 수 있는 힘이 생겼다. 노력하는 것은 좋지만 내가 좋아하는 것에 종속되지는 않아야 한다.

자기 내면의 목소리에 귀를 기울여 자신 안에 있는 인생의 해답을 찾아야 한다. 그것을 찾기 위한 지혜는 자신에게 있는 것으로 예술은 과학이 채우지 못한 영역을 무한한 상상력으로 채우고자 했다.

예술 작품은 사람들에게 어떤 생각과 감정들을 일깨워주는 다양한 종류의 관계와 사회적 문제를 제기하고 정의할 수 없는 모호하고 불가사의한 세계를 나누는 의사소통 방식이다. 우리의 몸은 회화와 조각 같기도 하며 조형적 특성을 지니고 있다. 꾸며진 몸에서 꾸며지지 않은 몸과 성적 욕망의 대상이 아닌 '몸' 그 자체일 수도 있는 것이다.

복잡하고 혼란스러운 나를 있는 그대로 사랑하리라. 그것이 나의 특별한 사람이라는 이유가 된다는 것을 이해하고 받아들여야 한다. 우리는 자기 자신 말고는 다른 사람이 될 수도 없고, 될 필요도 없다. 진짜 나로 살기 위해서는 많은 변명과 이해받으려 애쓰지 않아도 된다. 살아가며 사랑할 날이 얼마나 남았으며 지루한 일상에서 반복되는 날은 얼마나 남았을지. 남은 시간은 자신을 위한 이해와 사랑뿐이다.

나는 있는 그대로의 나 자신을 사랑하지 못했고 내 삶을 미워했다. 불행한 섬에 홀로 하늘에서 떨어진 듯 외로움이 밀려와 큰 열병을 앓는 사람처럼 무기력했었지만 이젠 나의 무한한 신뢰로 늘 현재에 살고 있다. 그림은 나의 내면을 거울처럼 비춰주었다.

내 안에 '신'이 있었음을 믿게 된 나에게, 여전히 나는 미숙했지만 나를 탓하지 않기로 했다. 사람은 죽을 때까지 배워야 하는 귀중한 존재이며 누구나 배움의 과정에 있는 것이다. 나무에는 나이테가 있듯이 사람에게 는 나이가 있다. 나이가 듦에 따라 삶의 지혜와 경험은 더욱더 깊어지지 만 뭔가 매너리즘에 빠지고 보수적이 되어가며 갈팡질팡하게 된다. 나이 에 향기 나는 사람들처럼 멋지게 나이 들고 싶다. 인간에겐 누구나 인정 받고자 하는 인정욕구가 내재되어 있다. 오늘날 온라인만 봐도 알 수가 있듯이 세상의 주목을 받고 자신의 존재에 대한 무게를 적응하면서 빠르 게 변화되어가고 있다. 누군가의 인정만을 받기 위해 살아간다.

있는 그대로의 나를 사랑하지 못했다. 너무 큰 미래 계획으로 나를 힘 들게 했다. 현실은 사랑도 행복도 아무것도 없이 괴로움에 살고 있었다. 삶의 여유를 갖기 위해 전시회에 갔는데도 무언가에 쫓기면서 시간을 보 냈다. 여유롭게 미술관에서 감상했던 기억이 언제였던가. 나의 생각은 다른 잡념들로 집중을 하지 못했다.

가만히 생각해보면 미술은 언제나 내 삶 속에 있었고 미술사는 내용이 지루하였고 재미와 흥미가 없었다. 예술작품을 감상할 때 배경 지식과 서로 다른 분야를 융합하는 방법을 배웠고 결코 나를 배반하지 않고 우뚝 설 수 있게 해주었다. 있는 그대로의 나를 사랑해주기 위해서 이 세상을 바라보고 평가하는 기준은 언제나 내가 되어야. 한다. 지금 이대로도 충분한 존재이다.

자신이 가장 못하는 일과, 그 일의 전문가가 된 다른 사람과 비교하며 자신을 미워하지 않아야 한다. 실천하고 실행한 당신에게 스스로 이만하면 잘했다고 자신에게 응원해 주면 된다.

있는 그대로를 자신을 사랑하지 못하는 것이 스스로에게 가장 비겁함을 자청하는 것이다.

당신은 존재 자체만으로도 충분히 아름다운 사람이다. 세상이 사회와 경쟁을 시켜도 나답게 이겨낼 수 있다. 자신을 있는 그대로 아껴주고 사랑해주면 된다.

오늘을 행복하게 보내지 못한 자체가 나쁜 것이 아니라 항상 자신의 행복을 오늘이 아닌 내일로 미뤄온 사실들로 죄책감을 낳는 것이다. 이런 습관에 익숙해져 기적과도 같은 오늘을 진짜가 아닌 가짜의 모습으로 살아가기 때문이다.

"내일은 행복하게 보내겠어."라며 헛된 기대로 매일 같은 오늘을 살게 되는 것을 안다면 신이 선물한 오늘은 가장 아름다운 시간들로 채울 수가 있을 것이다.

05

행복한 삶의 비결은 **단순함**이다

단순함이란 복잡한 것보다 어려울 수 있습니다.
단순해지려면 당신은 생각을 명쾌하게 하기 위해 열심히 노력해야 합니다.

- 스티브 잡스 -

현대미술은 정교한 붓질보다는 아이디어나 자기만의 철학이 드러나는 개념적인 작품이 더 대접받는 시대이다. 큰 캔버스에 점 하나를 찍어놓고 "해석은 관객의 몫이다"라고 던져주며 관객은 작품의 메시지를 이해하지 못해 머릿속이 복잡하며 심지어 좌절감마저 생긴다.

1917년 마르셀 뒤샹이 변기를 떼어 미술전에 출품하면서 개념미술이 시작되었다. 보기에는 그냥 일상적인 물건이지만 작가의 생각과 철학적인 개념으로 예술 작품이 되어 변기도 예술이 될 수 있다는 개념을 선보였고 후대 미술가에 엄청난 영향을 끼쳤다. 세계적으로 유명한 작품이 나에게는 아무런 감동을 주지 못할 때도 있다. 복잡하고 다양한 시대에 아무도 바라봐주지 않는 작품도 자신과 교감을 하며 통하기도 한다.

미술사를 공부하지 않고 그림하는 작업이 좋아서 실기 위주로만 했던 나는 미술은 꼭 어렵게 해야 한다고 생각했다. 불행을 행복하기 위한 전제 조건으로 달며 억지로 견뎌야 한다는 지나치게 자유로운 사고는 '아이디어의 혼돈 상태'로 이어지지만 행복하기 위해 견뎌내는 것이 아니라 큰 숲을 보기 위해 고정관념에서 벗어나야만 했다.

많은 성공만큼 많은 스트레스를 받으면서 살아간다. 자신에게 가장 중요한 것이 무엇인지를 안다면 삶은 매우 단순해지고 가치가 있으며 행복한 삶이 될 것이다.

단순함이 아닌 복잡함에서는 행복감을 느낄 수가 없다. 단순해지기 위해서는 가장 중요한 것 하나만 빼고 과감하게 버려야 한다. 그리고 집중하여 단순해져야만 한다. 수많은 정보 속에서 집중할 중요한 한 가지는 무엇인지 찾아야 한다.

중요하지 않은 것은 버리고 중요한 하나의 일에 많은 시간과 노력을 투자하자. 오늘 하루를 잘 살펴보자. 나의 꿈을 위해 살았는지, 소중한 시간을 꿈에 저당 잡혀 희생하지 않았는지 말이다.

많은 일을 한다고 성취감이 생기는 것은 아니다. 내가 원하고 꼭 이루고자 하는 일을 해야 성취감이 생긴다. 성취감 없는 시간을 보내지 않도록 시간 관리도 해야 한다.

모든 것이 엉망진창이었다. 복잡한 생각에서 벗어나 나의 모든 것이 정리가 되고 단순하게 바뀔 수 있다. 간접경험과 필요한 정보들을 위해 필요하지 않은 것과 필요한 것을 구분해 선택하게 되었다. 채우기 위해서는 과감하게 먼저 비워야 한다.

습관을 갖기 위해 습관에 대한 책들을 보면서 작은 습관이라도 도움되는 것으로 길들이기 위해 메모를 했다. 조금씩 변하기 위해 노력했고 작은 목표를 하나씩 이루면서 성취감과 자신감으로 더 성장할 수 있었다. 단순하다는 것은 중요하지 않은 일을 줄이고 나를 위한 최고의 삶을 사는 것이다. 그동안 우리 사회는 앞만 보고 성장해왔기에 여유가 없었다. 이젠 복잡함을 제거하고 단순화해야 한다.

엄마가 안 계시는 틈을 타 언니들과 동생들이랑 장롱에 있는 이불을 다 꺼내어 먼지 나는 이불 위에서 즐겁게 방방놀이를 하며 재밌게 뛰어 놀 수 있었다. 있는 힘을 다해 뛰면 날아오르는 기분에 새가 된 듯 좋았다. 그리고 가족이 다 같이 있는 것이 좋았다.

그렇게 시간 가는 줄 모르고 놀다가 일이 끝나고 퇴근한 엄마에게 이불 위에서 뛴다고 혼난 적도 있었지만 수십 년이 지난 지금도 그 시절을 생각하면 웃음이 나오는 즐거운 추억이다. 아이스크림 하나만으로도 삶이 행복으로 바뀌기도 하는 것처럼 말이다.

각자의 '인생라면'은 사람들마다 조금씩 다르겠지만 음식이상의 '의미'를 갖는 것이다. 결혼을 하고 가족들이 다 같이 모일 수 없으니 더 소중한 추억은 돈을 주고 방방놀이를 탄 것보다 나에게는 훨씬 값진 보물 같은 추억이다. 밖에서 사먹는 달고나보다 집에서 만들어 먹던, 소다를 너무 많이 넣어 쓴 달고나는 세상 어디에도 없는 최고의 달고나 맛으로 기억된다.

박해선 시인의 「그리움에게 안부를 묻지 마라」에서 과거는 고체이고 현재는 액체이며 미래는 기체로 과거는 바꿀 수 없는 존재라고 했다. 현재는 스스로에 의해 변할 수 있으며 미래는 기체로 잡을 수 없는 존재이기에 액체라는 현실을 인지하여 자신이 변하기 위해서는 소중한 오늘을 놓치지 않아야 된다.

나의 눈에 비친 어린 시절은 순정만화책을 굉장히 좋아했고, 둘째 언니가 주는 심부름 돈을 받아 종이인형을 사기 위해 만화책을 빌리러 만

화방에 자주 갔었다. 주말마다 따뜻한 방바닥에 배를 깔고 누워서 시원한 굴을 까먹으며 수십 권의 만화 책을 보는 즐거움은 마치 영화 속 주인공이 된 기분이었다.

행복한 삶의 비결은 현재 지금에 사는 것이다. 걱정 때문에 지금 이 순간을 살기가 어렵다. 그런데도 머리는 계속 쉬지 않고 지나간 과거와 오지 않은 미래 속에서 산다.

지금 이 순간을 온전히 누리는 사람은 현재를 살 수 있으며 생각이 단순한 사람이 행복한 사람이다. 사람들은 저마다 같은 작품을 봐도 생각이 모두 다르다.

추상화의 기초를 다진 피카소의 그림들을 난해하게 보일 수도 있지만, 피카소는 "어린아이의 눈으로 세상과 그림을 바라보라"고 한다. 어린 아이의 눈으로 세상을 바라본다는 것은 꿈으로 가득 차 있고 느낌 또한 어린아이처럼 단순해야 한다. 어른이 되면서 삶의 지표를 찾아 사회적 관습에 의해 고뇌할 수밖에 없는 존재가 된다.

현대인에게 미술은 생활과 삶의 일부가 되었다. 나를 주제로 소통하는 감성 공간에서 타인과 관계를 맺으며 우리 자신이 되어간다. 자신이 느끼는 그대로 보고, 좋아하는 것은 좋다고, 싫은 것은 싫다고 스스로 인정하며 자유롭게 작품을 봐야 한다. 평소 익숙했던 것을 다른 시각으로 바라볼 기회를 접하고 개인의 취향이 형성되면 자신이 무엇을 좋아하는지도 알게 될 것이다.

"아이의 눈과 사고"로 예술을 이해하게 되듯 자신이 보는 작품 속에서 미술적 요소를 발견한다. 작가의 생각을 읽어보고 유추해보면 새로운 시각으로 작품을 감상할 수 있듯이 다른 누군가가 되기 위해 노력하지 말고 온전히 자신이 되도록 나아가야 한다.

어린이 발달 단계와 눈높이에 맞는 미술 감상으로 다양한 세계를 찾도록 자극해주고 유연한 사고법과 다양한 방법으로 표현할 수 있는 생각을 열어주어야 한다.

미술은 단순히 보는 행위가 아닌 의미를 찾아 해석하는 능력을 길러주는 것이 중요하다. 그리고 자신의 세계와 공간을 재해석하여 우리 자신의 상황을 인식하여 객관화 과정을 거쳤다. 개성 있는 자기만의 세계와 조화를 이루고 있는 것이다.

마크 로스코의 작품은 말로 표현할 수 없는 종교적인 경건한 감정을 일으킨다. 작품을 감상하는데 눈물이 났다. 색면 추상 회화로 명성을 얻은 그는 자신의 명성이 떨어질까 두려워했다. 하지만 사람들이 더 칭송할수록 사기꾼이 되는 것 같은 괴로움으로 우울증에 시달려 자살을 했다. 인생은 모순적이다. 자신이 진정으로 원하는 삶이 무엇인지 복잡해졌지만, 자신이 진정으로 원하는 삶을 살아야 한다.

삶은 누구나 행복하고 또 고독하며 외로운 것이다. 우리는 끊임없이 오늘을 살아야 행복하며 자신이 생각을 지배하며 살아야 한다. 노력보다는 정말 하고 싶다면 "묵묵하게 꾸준히" 나아가는 것이다.

사회적인 기준과 평가가 삶의 행복한 기준은 아니다. 자본주의의 무한 경쟁 속에서 스스로를 아무것도 아니라고 여겼었다. 행복한 삶과 의미 있는 인생을 위해 복잡한 질문이지만 명쾌한 답은 여행을 하면 정확히 알 수 있다. 여행을 하다 보면 가장 중요한 것이 무엇인지 알게 되며 살아 있는 그 자체만으로도 축복이라 여겨진다.

나의 소중한 시간은 한정되어 있다. 가치 있는 시간을 가치 있는 곳에 집중하여 내가 원하는 나다운 멋진 삶을 살아야한다. 영국 속담에 "평온한 바다는 결코 유능한 뱃사람을 만들 수 없다."고 했다. 그냥 단순한 삶이 아니라 행복한 삶을 위한 단순함은 수많은 선택 앞에서 당장의 욕구보다 미래를 위해 기꺼이 견딘 사람이다. 그리고 언제나 이 순간에 집중하는 사람만이 행복한 삶을 살 수 있다.

06

지금 이 순간, 현재의 삶에 **감사**하라

가장 축복받은 사람이 되려면
가장 감사하는 사람이 되라.

- C.쿨리지 -

내 안에 또 다른 나를 발견하고 찾아가는 삶은 축복받은 삶이다. 언어가 뜻을 갖기 훨씬 전부터 인류는 미술을 통해 의사소통을 했으며 말로 소통이 어려운 사람들의 생각과 마음을 읽을 수 있다. 우리의 믿음, 불안, 신념, 공포, 괴로움 등 자아상은 우리 자신 안에 있는 것들은 모두 미술로 표현 가능한 것이다.

그림을 통해 인간이 변화하는 과정은 자신도 다른 사람들과 비슷하다는 '보편성'을 배우게 한다. 인간이 모여 사는 사회현상은 보편성과 특수성이 같이 존재하지만 자연현상은 보편성이 강하기에 사람은 모두가 비슷한 보편적인 성격을 갖고 있다.

한 개인의 경험은 그 사람을 의미하기 때문에 사람들이 같은 경험을 공유하며 배우는 것은 불안한 자신에게 확신을 줄 수가 있다. 많은 사람들은 행복한 삶이 무엇인지 찾기 위해 많은 노력을 하고 오늘을 행복하게 보내기 위해서는 '용기'가 필요하다. 타인의 시선 범위에서 신경을 쓰느라 자신의 행복을 놓치지 않기 위해 다른 사람들의 말을 모두 귀담아 듣지 말아야 자신의 행복을 지킬 수 있다.

아이들의 미술 중에 '기본 요소'에는 점, 선, 면, 형태, 색채, 질감, 공간 등이 있다. 선은 그냥 긁적이거나 낙서할 때 주로 사용하는 것으로서 다양한 경험을 하면서 배우는 것이 중요함을 깨달았다. 아이들이 표현하는 꼬불꼬불한 선 하나에도 느낌이 다르며 아이들의 눈높이에서 바라봐주지 않고 결과만을 보면서 부모님들의 취향을 아이에게 강요하는 것을 보면서 많은 생각을 하게 되었다.

미술교육학자 로웬펠드는 교육자로서 현대 미술 교육에 가장 영향을 끼친 인물로 평가를 받고 있다. 아동미술교육은 자아표현을 통해 아동이 자신만의 방법으로 생각의 아이디어를 표현함으로써 자신감과 독립적인 사고력을 가지게 된다고 했다. 수년간에 걸친 현장 미술교육의 경험을 토대로 어린이의 발달 단계로부터 청소년 시기에 이르기까지의 과정에 적합한 미술교육을 연구하였다. 『인간을 위한 미술교육』이라는 저서에서는 인간성장에 도움을 주는 미술교육 체계로 정립하였는데 그는 "촉각과 시각 청각을 사용한 직접적 경험을 통해 아동의 이미지와 지각력이 형성된다."고 말했다. 그리고 아동들이 '그것을 그릴 수 없어요.'라고 말할 때는 항상 무언가의 간섭이 그들의 생활 속에 있다는 것을 우리들은 확인할 수 있다고 했다.

고흐는 원근법으로부터 자유를 구했고 더 큰 생각의 자유를 위해 세상을 보는 방법을 바꿔나갔다. '빛의 삼원색' 원리를 이용해 점을 찍어서 표현한 조르주 쇠라의 〈그랑드자트 섬의 일요일 오후〉라는 작품은 3년가량을 소비하며 점으로 그린 그림으로, 그것을 보고 나는 큰 감동을 받았다.

뭉크는 "더 이상 사람들이 독서하고 여인이 뜨개질 하는 실내를 그려서는 안 되며, 살아서 숨쉬고, 느끼고, 고통 받고 그리고 사랑하는 사람들이어야 한다."고 했다.

무언가를 가르치기 위한 사명감에 생각들을 바꾸니 부족하기 때문에 가르치고 알려줘야만 하는 생각들에서 벗어날 수 있었다. 점차 아이들은 잘 시도를 하지 않으려는 모습도 적극적으로 행동하고 그림에 자신 있는 아이들의 변화된 모습을 보면서 아이들은 자신이 좋게 변해가는 법을 배운다. 시험만을 위한 미술과 시험만을 위한 공부가 되지 않아야 한다.

엘 시스테마는 '시스템'이라는 뜻의 스페인어로 '베네수엘라의 빈민층 아이들을 위한 무상 음악교육 프로그램'을 뜻하는 고유명사로 통한다. 베네수엘라 빈민가의 아이들은 사회적으로 마약과 폭력, 총기사고, 범죄 등의 위험에 노출되어 있다. 아이들을 보호하고 아름다운 세계를 알려주기 위해 호세 안토니오 아브레우는 프랑크 디 폴로와 함께 엘 시스테마를 설립해 학교 안에서 음악교육을 시작했다. 단순히 음악교육을 위한 것이 목적이 아니라. 아이들이 음악을 즐기게 하는 것이 목표이며 연주하는 과정을 통해 예술가로 거듭나고 있다.

아이들은 인생의 목표를 가지게 되어 긍정적으로 성장해나간다. 엘 시스테마의 기적처럼 우리나라에서도 국고가 투입되어 무상 예술교육을 하고 있으나 '무상교육'이기에 수업을 빠져도 된다는 학부모들이 많다. 그렇다고 취약계층에게만 무상의 기회를 계속 제공할 수는 없다. 예술교육의 목표는 많은 경험을 강조하는 것보다, 짧은 순간이라도 감동과 아름다움을 참여자가 추구하고 즐기는 것이다.

그들은 사회적 변화를 추구하며 진심을 담은 교육으로 기적을 이루었다. 현재의 삶에 감사하는 교육이 계속 이루어져야 현재와 과거도 항상 감사함에 살 수 있다. 나는 그대로인데 환경과 장소가 바뀌었다고 문제가 해결되는 것은 아니다.

살다 보면 생각지 못한 변수가 생긴다. 그럴 때마다 너무 힘들어하지 말자고 다짐했다.

감정이 과하면 감정 다이어트가 필요하듯이 감정이 부족하면 벌크 업이 되어 감정에 눈길을 주고 관심을 표현해주어야 한다. 소통이 잘되는 집안 분위기가 행복하듯이 나를 둘러싼 주변 환경과 내가 교류하는 사람들과 평상시 나의 생각에 따라 지금의 내가 선택하여 형성된 것이다.

독선적인 태도는 항상 문제로 이어지는데 세계 최고의 변화 심리학 권위자이자 강연가인 앤서니 라빈스는 "수준 높은 질문은 수준 높은 삶을 만든다. 성공하는 사람들은 더 좋은 질문들 때문에 더 좋은 답을 얻는다."라고 말했다.

현재의 삶에 감사하기 위해서는 소통의 중요성을 알아야만 한다. 소통의 부재가 오해와 갈등을 낳는다. 자신의 감정과 생각을 말하지 않으면서 상대방이 알아주기를 바라기 때문에 작은 갈등들이 쌓이고, 그러다 보면 관계는 틀어지고 끊어지기도 한다. 그래서 대화가 중요하다.

무언가를 시작하기에 늦은 때는 없다. 타인의 시선을 의식하여 힘듦을 감당할 자신감과 열정이 부족한 것을 생각하지 않는 것이 더 중요하다.

여행을 떠나기 위해 준비물을 챙기다 보면 나에게 가장 필요한 짐들을 하나씩 챙기듯 삶도 여행자처럼 호기심을 가지고 살아야 한다. 나는 감정 주인이 되어 미술전시도 하며 정서적 안정감으로 하루를 소중히 보낸다. 그리고 내가 겪은 경험들을 책을 쓰면서 현재의 행복함과 감사함을 경험한 것을 표현한다. 그 무엇과도 바꿀 수 없는 일상의 소중함들이다.

실존주의 철학자 마르틴 하이데거는 "장미는 이유 없이 존재한다."고 했다.

"삶이란 행복하지 않아도 삶 그 자체만으로도 충분하며, 가치 없는 존재란 이 세상에 없으며, 존재는 존재 그 자체만으로 충분히 가치가 있다. 우리는 존재 자체만으로도 소중한 존재이고 멋지고 아름다운 일이다."

인간은 사회적 동물이라지만 현재의 삶을 확장하기 위해 지나온 과거를 성찰하며 나 자신을 조용히 들여다보는 시간을 가져야 한다. 많은 시간이 지나 세월이 흘러도 무엇을 좋아하는지, 어떻게 살고 싶은지, 무엇을 원하는지 조차도 모른다.

좌절 후에 오는 행복으로 우리는 시야를 넓고 크게 아름답게 긍정으로 바라볼 수 있으며 아무리 친한 사이라도 내가 당신이 되고 당신은 내가 될 수 없듯이 행복을 흘려보내지 말고 내 마음속에 담아두어야 한다.

현재를 즐길 줄 아는 사람이 가장 행복하고 강하다. 진짜 행복은 이 순간인 현재를 살아가는 것이다. 행복의 기준과 가치는 사람마다 다르지만 행복을 즐기는 방법과 현재를 즐기는 것은 누구에게나 동일하다. 그리고 현재는 나에게 주어진 가장 큰 선물이기에 우리는 축복받은 삶을 감사해야 한다.

07

만족하지 못하는 사람이 가장 **불행**하다

만족은 결과가 아니라
과정에서 온다.

- 제임스 딘 -

'카뮈'의 『반항하는 인간』에서 복종을 거부하면서도 동시에 충실한 도덕이 진정으로 현실적인 혁명의 길을 밝혀줄 수 있는 유일한 도덕인 것처럼 모든 것은 어느 관점에서 보느냐에 따라 해석이 달라진다. 사물은 그것을 사용하는 사람들에 의해 다시 재생산되고 그렇기에 사물은 기능적인 가치로 인해 예술적인 가치를 잃기도 한다. 과학은 우주 안에서 인간이 얼마나 보잘 것 없는 존재인지를 알게 해주지만 종교는 신을 믿어야만 형벌을 받지 않을 것이라 이야기한다. 인간이 만족하지 못하는 것은 반복되는 일상에 묻혀 있는 것이다.

물질을 많이 가진 사람이 성공한 것이 아니라 자신을 성장시키고 발전시켰느냐에 평가된다. 만족하는 것은 보다 나은 사람이 되기 위해 성장하고 발전해야만 느낄 수 있기에 우리는 소중한 가치를 추구해야 한다. 만족하는 삶이 되니 부족한 것이 있어도 다양한 것들을 받아줄 수 있는 여유가 생겨 마음도 즐기면서 살 수 있게 된다.

정확한 원인과 이유도 없이 내면에서는 자꾸 신호를 보내는데도 밖에서 답을 찾고 헤매기를 반복했다. 그림으로 나의 정체성을 넣어 표현하고자 노력했지만 내가 원하는 정답은 나오지 않아 오히려 풀어가는 과정을 즐기지 못하고 내 자신을 이해해주지 못하고 살았다.

초상화는 디테일과 섬세함을 요구하지만 한 개인에게도 상황과 사건들이 있듯이 그림에도 역사적, 미술사적 등 다양한 접근 방법을 할 수 있다.

모든 색을 섞으면 검정색에 가까운 색이 되어서 그런지 나는 검정색을 보면 수많은 색들이 내 생각과 마음에 따라 다르게 눈에 보여서 신기하고 좋았다. 내가 좋아하는 것을 찾았기에 만족하는 삶을 살 수가 있었다. 그렇지만 좋은 일이라도 반복하며 하루하루 지내다보면 무엇이든 권태로움은 오게 마련이다. 그러나 피하지 않고 더 성장하기 위해 겪어야 될 과정이라 여겼다.

사람과 사람은 대화로 인해 평화가 시작되기도 하고 전쟁이 시작되기도 한다. 그 이유는 입에서 하는 말은 시간이 흐를수록 변하기 때문이다. 친구와 말다툼을 하고 몇 날 며칠 시간이 흐를 때마다 같은 말이 다르게 해석되는 경험으로 말의 중요성을 크게 느낀다.

인간은 신체적, 정서적, 지적, 영적인 욕구를 가지고 있으며, 인간은 '정체성'을 찾기 시작하면서 위대한 삶을 위해 새로운 경지에 들어서 있고 미술교육의 목적은 '전인적인 인간성'의 계발과 육성에 있으므로, 미술 활동 전 과정에 있다. 말이 다르게 해석되는 경험으로 말의 중요성을 크게 느낀다. 시대가 변할수록 인간의 잠재된 능력을 많이 꺼내야 살아나갈 수 있는 것은 진정한 소통은 어려운 현실이 되었다.

이제 예술은 상류층만의 전유물이 아니다. 삶과 소통을 위해 예술이 더욱 중요한 시점이다. 문제의 '답'은 사람에게 있다.

무엇이든 동기와 마음가짐이 중요하며 그림을 잘하든 못하든 스스로 정말 하고 싶은 아이들은 마음가짐도 행동도 다르다. 자신이 가진 것에 만족하고 행복해 하는 아이는 자기가 원하는 삶을 살 줄 알고 자기주도적인 아이가 된다. 주도적인 아이들은 무언가를 할 때 흥미를 갖고 열정적이며 실패해도 좌절하지 않고 시간 관리도 잘한다.

어릴 때부터의 습관이 꿈을 이루게 한다. 자신감과 성취감이 결여된 아이들이 많으며 주로 부모님이 비교를 하여 잠재된 능력을 키우지 못하는 아이들이 많아 성향에 맞게 부족한 부분을 채워주면서 잘 이끌어주어야 한다.

아이들은 스스로 기대치가 없으며 하고 싶으면 하고 싫으면 안 해도 되는 아이들이기 때문에 꾸준히 하면서 작은 성취감들이 쌓여 자신의 재능을 찾게 되는 아이들이 많았다. 단점은 꾸준하게 해야 찾을 수 있기에 흥미를 잃지 않도록 해줘야 한다.

아이들과 미술 수업을 하면서 느낀 것은 경험의 중요함과 주변에서 더 큰 기대치를 갖기에 실패를 하는 것은 중요하지 않다. 큰 숲을 보면 실패는 자양분이 되어 수많은 실패 속에서 아이가 스스로 이겨낼 수 있는 힘을 가질 수 있다.

그림은 아이들의 감정표현을 도와준다. 어려워하는 의사소통을 표현하는 것을 도와 아이들은 창조적인 사고를 가지고 태어나지만 창조력이라는 힘이 있어야 한다.

머릿속에 있는 이미지를 자주 형상화했던 아이들은 상상의 힘이 커지고 생각을 구체화하며 사고를 확장하여 표현을 할 수 있다. 자신과의 대화로 성장하며 남들이 알아주지 않아도 스스로 만족할 줄 안다. 눈으로 보이는 것을 단편적으로만 보지 않고 본질을 꿰뚫을 줄 아는 눈이 필요하며 인간은 누구나 독특한 개인으로 인정받고 싶은 욕구가 있다. 스스로 만족하지 못하는 사람이 가장 불행하다.

미국의 여성 설치미술가인 바바라 크루거(Barbara Kruger, 1945~)의 전시를 아모레퍼시픽 미술관에서 관람을 했었다. 이해하기 어려운 작품들이 많았고 해설이 없어서 처음에는 불편했지만 오히려 다양한 생각을 하며 볼 수 있었다. 작품 설명이 없는 것이 의도적인 것 같았는데 작가는 중하류층 출신으로 고등 교육을 받은 잡지 일을 통해 대중의 눈높이와 소통의 중요성을 해고라는 위협 아래에서 몸으로 배운 그래픽 디자이너 출신이다. 그리고 미술을 교실에서 배운 게 아니라 대중들과 호흡하며 배운 아티스트였다.

〈제발 웃어 제발 울어〉라는 작품이 제일 인상 깊은 작품이었다. 빨간색 배경에 제발 웃어, 제발 울어라는 텍스트를 배치하여 강렬한 색감 대비와 누구나 알아들을 수 있을 만큼 쉬운 단순한 문구로 된 텍스트를 보면서 다양한 사유로 스스로에게 질문하게 되었다.

아리스토텔레스는 "인간이 그 자체로서 추구하는 가치는 하나밖에 없다. 그것은 행복이다. 돈, 권력, 명예 등 모든 것은 행복이란 가치를 추구하기 위한 수단에 불과하다."고 했다

많은 사람들은 성공을 행복의 기준으로 삼으며 살지만 성공이 행복의 기준은 될 수 없다.

미국의 어느 조사 기관에 따르면 어떤 일이든 3개월이 지나면 우리의 행복에 영향을 주지 못하는 일이 된다고 했다. 행복과 불행은 내 마음 먹기에 달려 있고 우리가 상황을 어떻게 받아들이는가에 따라 행복과 불행이 결정된다.

흐르는 물처럼 흘려보내주어야한다. 우리는 왜 그래야 하는지 모르고 늘, 바쁘게, 열심히, 다람쥐 쳇바퀴 돌 듯 일상을 살고 있다. 우리가 존재하는 이유는 즐겁고, 재밌게 현재를 즐기며 살기 위한 것이다.

10개국을 대상으로 한 '세상에서 가장 행복한 사람은 누구인가?'라는 질문을 하는 실험에서, 다른 나라는 '나 자신'이란 대답이 많이 나왔지만, 한국은 '빌 게이츠'였다고 한다. 한국 사람이 행복을 정하는 잣대는 돈이라는 것이다. 우리의 행복을 누리지 못하는 이유는 지나간 과거에 너무

연연해하고 오지 않을 장밋빛 미래만을 꿈꾸며 현재를 즐기지 못하는 것이다.

행복한 사람은 만족하는 삶을 살고 있으며 다른 사람과 비교하지 않고 모든 것들을 행복으로 바라보고 해석한다. 행복을 하나씩 발견할 줄 알며 삶에 가치를 찾고 만족감을 얻는 사람들이다. 주어진 삶에 만족할 줄 알고 감사하며 세상을 긍정적이고 희망적인 자세로 살아야 한다. 행복과 불행도 스스로 만드는 것처럼 원하는 부와 권력을 이루었어도 공허한 마음이 든다면 인간 내면에 있는 삶의 질을 높이는 것이 중요하다. 일상에서 진정한 행복을 추구하기 위해서는 남들의 기준이 아닌 자신이 진짜 추구해야 할 '오늘'이라는 일상에 만족해야 한다. 삶의 방향성은 무엇인지, 진정한 삶의 의미를 찾아 인생이라는 새로운 삶으로 변화된다.

08

당신이 진짜 **원하는 것**에만 집중하라

집중력은 자신감과 갈망이
결합하여 생기는 것이다.

- 아놀드 파머 -

어떤 일을 하느라 해가 가는 줄 모르고 집중하며 열정을 바쳤을 때 몸은 힘들어도 머릿속이 맑아지는 것을 경험해본 사람은 안다. 우리가 흔히 말하는 훌륭한 삶이란 자신의 잠재력만을 위해 사는 사람보다 사회에 봉사할 대상을 찾아 도움을 주기 위해 방법을 발견하는 사람이다. 그것은 인간이 이 세상에게 얼마나 이해할 수 있게 해주었냐이며, 그것은 권력도 아니고 인간의 내면에서 나온 '숭고함'을 표현했을 때이다.

사람들 삶의 질을 높일 수 있는 것은 각자마다 다르다. 나는 현실에서 갖지 못하는 것을 그림으로 대신해 만족감을 얻을 수 있었지만 때로는 만족감이 큰 삶을 살아가고 싶었다.

시대의 흐름에 맞춰 평면 위에 그림들은 "이미지를 움직이게 하고 싶다."는 꿈을 실현하여 현재 움직이는 영화라는 것으로 발전하였다.

반려동물 시장은 계속해서 성장하고 있다. 재택근무가 일반화가 된 요즘 반려동물을 키우는 가정도 늘어나고 있다. "사람에게는 동물을 다스릴 권한이 있는 것이 아니라 모든 생명체를 지킬 의무가 있는 것이다."라고 말한 제인 구달이 떠오른다.

아마추어 연구가에서 진정한 학자로 거듭난 제인 구달은 '동물의 마음'을 연구한 세계 최고의 동물행동학 학자이다. 물리학에 있어 알베르트 아인슈타인의 업적과 맞먹는 것으로 평가되며 아프리카 체험을 통해 동물에게도 '감정'과 '사고'가 있다는 확고한 신념이 있었다.

그것은 누구도 흉내낼 수 없는 것이었다. 학계의 권위에 기죽지 않고 자신의 신념대로 당당했다.

제인 구달은 '엉뚱한 꿈이라도 간절하다면 반드시 이루어진다.'는 메시지를 우리에게 전해준다. 자신의 믿음만이 자신의 미래를 만들어가는 것처럼 내일은 오늘을 어떻게 보냈느냐에 따라 변한다. 이 순간순간을 보람되게 사는 것만큼 그 무엇과도 바꿀 수 없는 당신이 진짜 원하는 것에만 집중하는 삶을 살아야 한다.

우리는 부족함을 느끼며 살지만 위대한 삶을 살 수 있는 잠재력을 갖고도 모른 채 살아간다. 답은 오늘을 기적으로 만들기 위해 그에 맞는 노력을 얼마나 했는지가 중요하다.

우리는 자연의 일부이지만 자연의 일부를 해체하여 우리에게 필요한 것으로 재창조해왔다. 자연의 일부인 우리는 감정이 격해지고 화가 나도 책임감 있게 반응해야 한다. 과연 행복한 삶이 무엇인지 그것은 자신이 원하는 것을 찾아 집중과 몰입을 만들어 유지하는 삶이다.

안네 프랑크는 "세상을 개선하려고 한다면, 단 한 순간도 지체할 필요가 없다. 가장 멋진 일을 하는데 기다릴 이유가 있겠는가?"라고 말했다.

어제보다 더 나은 내일을 위하여 오늘부터 달라지기 위해서는 마음을 먹고 행동해야 한다.

같은 상황이 되어도 새로운 시각으로 볼 수 있으니 태도가 바뀌어 오해를 사는 일도 줄어들게 되었고 그것이 선순환이 되어 행복한 가정을 유지할 수가 있었다.

그림을 배울 땐 무채색이 좋아 무채색으로만 하다가 화려한 원색과 형광색을 바라볼 때에는 빨강은 열정을 녹색은 휴식과 평화로운 컬러의 힘임을 깨달았다. 어떤 그림에서 힘을 얻었다면 그것이 나에게 필요한 그림이었듯이, 이 모든 것은 잦은 걱정과 고통으로 지친 나를 토닥여주며 나의 마음을 위로 해주었다.

앞으로 살아가면서 실망과 걱정 때문에 아무것도 하지 않는 사람들보다 자신이 원하는 것을 해보며 실망과 걱정 속에서도 헤쳐 나아가는 것이 훨씬 더 값진 삶이라고 생각한다. 우리는 어른이 될수록 실망하게 될까 봐 행동을 하지 않는데, 이것처럼 실망스러운 일은 없는 것 같다. 하루라는 시간과 나와의 중간 속에 매개체를 넣어서 나를 깨달아가고 때론 힘을 얻으며 세상과 소통하기 위한 소중하고 진짜 원하는 것에 집중을 해야만 나라는 사람을 가장 잘 이해할 수 있으며 자신을 객관적으로 바라볼 수 있다.

나는 아이들에게 미술을 가르치면서 개개인의 성향을 파악하여 재능을 키워주는 데 중점을 두고 수업을 하였다. 어떤 아이들은 잘할 수 있는데도 부모님이나 선생님이 마음에 드는 그림을 하려고 열심히 하는 아이들도 있었다. "다른 사람이 아닌 네가 좋아하고 하고 싶은 것을 하라"고 말해준다. 아이들은 타고난 상상력과 잠재력이 무궁무진하기 때문에 표현하는 방법을 하나의 틀이나 기준을 정해서 요구하지 말아야 한다.

언어에도 온도가 있듯이 아이들이 그리는 낙서 같은 그림 하나하나에도 온도가 다 있다. 현재 감정 상태가 어떤지 작품에는 아이들의 생각과 마음, 그리고 개성과 취향 등이 담긴다.

다른 사람이 아닌 내가 원하는 삶을 살기 위해 지혜로운 사람이 되어야 한다. 우리의 삶에서 가장 중요한 것은 잠재의식이며 만약 우리의 잠재의식에 실패하는 모습만이 각인되어 있다면 또 다시 비슷한 경험을 할 것이다.

네빌 고다드는 "상상이 현실을 창조한다!"고 말했다. 상상력을 이용해서 잠재의식을 주체적으로 원하는 방향으로 만들지 않고 의지와 결심의 힘만을 맹신하여 같은 실패를 반복한다고 했다.

한 번뿐인 삶에서 어떤 모습을 기준으로 삼고 사는지 시간이 한참 흐른 뒤에 알게 된다. 삶이란 균형 잡힌 생각을 갖고 나만의 관점으로 내가 행복한 삶과 가슴이 뛰는 삶을 살기 위해 집중해야 한다. 나의 가치는 내가 정하는 것임을 그리고 내가 좋아하는 일을 하며 산다는 것은 편안하게 살아가는 삶이 아니라 용기를 내어 살아간다는 것이다.

BTS(방탄소년단)는 K-pop 열풍을 넘어 '가장 한국적인 것이 가장 세계적인 것'이라는 말을 증명해보였다. 그리고 그들은 인문학적 사유와 철학적 가사를 통해 세상과 소통을 한다.

나는 내가 싫어하는 일을 억지로 참고 해보았기에 점차 진짜 내가 원하는 삶과 현실이 가까워지도록 원하는 것에 집중할 것이다. 좋은 사람인 척하고 있으면 내가 싫어하는 사람들이 나에게 모여드는 것이다. 나의 감정에 솔직해지고 긍정적인 기운과 에너지로 살게 되면 주변에 좋은 사람들이 모여들게 된다.

어떻게 하면 내가 원하는 삶을 살 수 있는가에 집중하자. 나의 진짜 인생을 찾도록 한 후 하고 싶은 일을 하면서 싫은 일은 억지로 하지 않을 것이다.

화는 마음속 깊이 감정이 억눌려 있는 분노이기에 감정을 제대로 표현하지 못하고 참는 것보다 평소에 사소한 감정이라도 표현하는 연습을 해야 된다. 자신보다 다른 사람의 눈치 보는 문화에 길들여져 미움 받지 않기 위해 솔직한 자신의 감정을 내색하지 못한다. 좋아하는 일을 하고 싫어하는 일을 멈추면 새로운 인생이 시작되어 어제보다는 오늘의 인생이 바뀌게 될 것이다.

인간이란 무엇인지 시대에 따라 답이 달라지듯 인간의 구체적인 삶도 역사와 문화의 산물로 파악해야 한다. 다양한 문화는 사회적인 것의 표현이며 인간 정신의 사회적 표현이다. 우리는 문화를 통해 그 사회를 평가할 수 있듯이 나는 바람직한 새로운 문화가 이루어져 인간의 생활이 긍정적이 되길 바라며 살 것이다.

"아무리 엉뚱한 꿈을 꾸어도 간절하다면 반드시 이루어진다."는 동물 행동학 학자 제인 구달은 "진정한 내 것으로 당당하게 살면서 자연 세계를 존중하고 그 속에서 조화롭게 살아가며 살아가는 동안 지구에 상처를 남기지 않고 조용히 살다가 떠날 것입니다."라고 말했다.

어떤 일이든 첫걸음은 우리를 두렵게 하지만 이상과 현실 사이에서 기쁨과 시련도 있게 마련이다. 행동으로 옮기면 미래의 기쁨보다는 과거를 통해 올바른 성장이 선물로 주어진다.

내가 원하는 것이 무엇인지 발견을 할 수 있다면 삶을 어떻게 살아야 하는지 새로운 눈으로 관찰하게 될 것이며, 행복에 대한 갈망이 나의 에너지가 될 것이다.

09

열광하는 삶보다 **한결같은 삶**이 더 아름답다

내일은 없다고 생각하고 오늘을 살아라.
오늘이 내일이다.

– 앤드류 카네기 –

열광하는 삶보다 한결같이 더 아름답게 살기 위해서는 낡은 습관을 버리고 새로운 습관으로 변화시키기 위해 노력해야 한다.

파스칼은 "습관은 제2의 천성으로 제1의 천성을 파괴한다."고 했다.

삶이란 기쁨, 행복 즐거움, 불행, 이별, 고통 등과 함께하며 한결같은 삶은 나에게 무엇을 기대하는지 간절한 마음으로 찾아야만 근본적인 태도를 바꿀 수 있다. 그리고 나에게 발견되어 실현되길 기다리는 삶에는 깊은 의미가 있다. 인간은 사회적인 동물이며 인간이 선천적으로 타고난 특성은 개인의 취향이나 본능, 습관 등에 해당하는 것이다. 사회의 구성

원으로 살아오면서 후천적으로 학습한 생활양식을 문화라고 한다. 우리들이 살아가는 생활이 문화인데 두 사람만 모여도 문화가 생긴다. 한결같은 삶을 위해서 나 혼자가 아닌 사회 속에서 살아가야 하며 더 크게는 세계 속에서 살아야 한다. 세상은 끊임없이 변하고 있다. 그래서 변화된 환경에 맞게 자신을 변화시키면서 살아야 한다.

2008년도에 백화점 문화센터에 근무를 했었다.

백화점 문화센터는 백화점 이미지에 영향을 많이 받는 곳이라 다양한 직원 교육을 했다.

행정고시 준비로 고시원에서만 살다가 백화점에서 직원 교육 받는 것도 재밌었다. 고시원 생활은 밀폐된 공간이라 우울했기에 감정을 절제하고 웃어야 되는 서비스 교육은 나에게 많은 도움이 되었다. 3개월 지나 신입직원도 가르칠 수 있을 정도로 일도 수월해졌고 화장실 거울 앞에서의 나의 모습이 마음에 들어 입꼬리가 자주 올라가져 미소를 짓게 되었다.

문화센터 안쪽에 있는 사무실이 비어 있을 때가 종종 있었다. 모든 직원들이 앉아 있을 때는 직원들 각자 맡은 회원 관리 리스트를 받아 직접 통화를 위해 전화할 때였다.

현재 다니고 있는 회원을 위한 관리, 폐강되어 아쉽게 수업을 하지 못한 회원에 대한 것과 배우고 싶은 강좌와 강사, 소비자 분석을 통한 '니즈'를 파악하기 위해 직접 통화를 해서 메모를 한 후 다음 학기에 참고했다. 문화(文化)의 사전적 정의는 "한 사회의 개인이나 집단이 자연을 변화시켜온 물질적·정신적 과정의 산물"이라고 한다.

서양에서 문화라는 말은 "인간이 사물을 변화시키거나 새롭게 창조해낸 것"을 의미한다. 이처럼 문화가 다양한 방식으로 정의되는 것은 인간적 산물들의 소유와 배분을 둘러싼 권력 다툼 때문이다.

이제는 시대가 변해 문화·예술로 하나 된 지구촌에 산다. 각 나라의 문화의 정체성도 규정될 수 없고 고유한 문화가 사라지는 것은 아니지만 다른 나라의 문화들도 잘 받아들여야 한다.

사람들은 같은 생활권에 사는 사람들과 사회적 상호관계를 맺으며 공동체를 이루고 살아간다. 공동체적 관계에서 자신을 확인하는 방법은 동일한 것을 공유하여 자기 동일성을 확인하며 문화란 의식적인 인간 활동의 결과이며 계속 변화한다.

사는 지역 동네마다 인기 있는 강좌가 조금씩 다른 것을 보고 지역과 환경에 맞게 나라마다 다양한 문화가 있듯이 생활해온 생활 방식이 다른 것을 알 수 있다.

도시는 톱니바퀴 같은 시스템 속에서 내가 부속품같이 느껴졌었는데 문화센터에서의 일은 너무도 재밌었다. 문화를 통해 갈등을 극복하고 선진국으로 나아갈 수 있듯이 모든 꿈이 있는 미래는 문화에 있다.

'한 아이를 키우려면 온 마을이 필요하다'는 아프리카 속담은 한 아이가 온전하게 성장하도록 돌보고 가르치는 일은 한 가정만의 책임이 아니라, 이웃을 비롯한 마을 전체가 필요하다는 뜻이다. 즉 사회에서 관심을 가져야 한다는 의미이다. 이웃과 함께 서로 도우면서 관심을 갖고 아이들을 돌보는 것이 가능했지만 도시화와 산업화가 되면서 이웃이란 개념도 변했다.

얼굴을 마주할 시간도 부족한 사회이다. 핵가족이 보편화되고 맞벌이 부부가 많아지는 시대이다. 변화된 사회 참여와 행복을 찾아갈 수 있어야 하며 지역사회가 함께 배움의 공간이 되어야 한다. 존 듀이(John Dewey. 1859~1952)는 자신의 철학과 삶의 결정체라고 할 수 있는 미학 저서인 『경험으로서의 예술』에서 삶과 예술을 동일시하고 있다. 교육학과 미학에서도 "경험"에 그 가치를 두고 있다.

예술경험을 통해 자아를 발견하고 자아실현을 하게 된다. 다양한 사회적 문제를 해결하기 위해 요구되는 타인 이해, 공감 능력, 소통 능력이 길러져서 "개인의 삶의 질 향상"으로 우리 사회가 성숙하고 행복한 모습에 가까이 다가설 수 있다. 역대 정부별 문화정책의 목표를 보면 김영삼 정부는 국민 삶의 질을 선진 문화 복지 국가로 발전하기 위해 문화부 조직을 확대하였고 '삶의 질과 문화 복지'로 문화산업을 신설하였다.

더 나은 미래를 창조하기 위해 문화 콘텐츠와 창의성을 강조하였다. 지식정보화 사회에서 '삶의 질 향상'과 밀접해 있으며 문화는 인간이 사는 곳이라면 존재한다. 대학원에서 '문화예술교육 현장의 이해와 실습'으로 참관 수업을 위해 찾은 공예가 박미원 선생님께서 세계 비엔날레의 책자를 보여주셨다. 『삶을 기리다』는 책이었다. 죽음은 경계가 아닌 우리 삶의 일부이다. 28년 전 한때 청소년 자살률이 OECD 국가 중 1위였던 핀란드의 헬싱키에 있는 아난딸로(Annantalo)의 창립자는 '생존을 위해 예술을 경험한다'고 말했다.

국내적으로 융합적인 교육을 향후 보완해야 하고 목적보다는 목표 달성에 집중되어 있다.

워커힐 호텔 아트홀에서 하는 박계희 여사 타계 20주년 기념전 전시장을 찾은 적이 있었는데 이름만 들어도 알 만한 화가들의 작품이 많았었다.

느낌을 자유롭게 넘나드는 드로잉과 그림을 그리는 새로운 방법을 끊임없이 탐구하는 예술가로서 새로운 생각들을 실험하고 작가로서의 도전정신과 열정 가득한 그의 아름다운 한결같은 삶을 본받고 싶다.

니체는 삶이 만족스럽지 않아도 굴복하거나 체념하는 수동적인 태도가 아니라 '아모르파티' 즉 '운명애'(運命愛)는 고난과 어려움까지도 긍정적이고 적극적인 삶의 태도를 의미한다고 했다. 그리고 다시 태어나더라도 지금을 후회하지 않도록 살라고 말한다.

자신의 운명을 받아들이면 극복할 힘이 생기고 세상은 아름답고 소중한 자신이 된다.

노자는 "모든 순환이 시작되고 끝나는 그 근원으로 돌아갈 때 내면의 평화를 느낄 수 있다."고 말한다. 아무리 많은 시간이 흐른다 해도 '죽음─삶─죽음'으로 이어지는 변하지 않는 만물의 한결같은 순환 속에서 아무리 고통스럽고 절망스러워도 희망을 찾는 인간은 위대하다. 우리는 변함없이 한결같은 마음과 삶의 태도를 가지고 살아야 한다.

삶이 나에게 무엇을 기대하는지 간절한 마음으로 찾아야만 근본적인 태도를 바꿀 수 있다. 그리고 나에게 발견되어 실현되길 기다리는 삶에는 깊은 의미가 있으며 열광하는 삶보다 한결같은 삶은 더욱 아름답다.

에 필
로 그

BTS(방탄소년단)는 K-Pop 열풍을 넘어 '가장 한국적인 것이 가장 세계적인 것'임을 증명하고 있다. 그들은 인문학적 사유와 철학적 가사를 통해 세상과 소통을 한다. 만약, 방탄소년단을 정부의 지원으로 키웠다면 간섭과 규제 때문에 세계적으로 큰 성공은 불가능했을 것이다.

방탄소년단을 키운 방시혁 프로듀서가 방송에 나와 그들에게 음악에 대해 요구한 한 가지는 "방탄소년단의 내면에 있는 이야기가 되어야 한다."라는 것이었다고 한다. 남의 이야기가 아니라 자신의 이야기로 음악을 만들어야 더 큰 공감을 얻을 수 있고 사랑을 많이 받게 되는 것이다. 예술적 안목을 기르기 위해서는 눈과 귀의 감각을 열기 위해 거들어줄 수 있는 생각이 뒷받침되어야 한다. 자연과 사물에 대한 관찰력을 키우고 독서와 여행을 하면서 안목을 키우는 것도 좋은 방법이다.

나는 직장을 다닐 때 저녁에 화실에 다니며 그림을 배웠다. 물감과 재료값을 아끼기 위해 초상화 화실에서 그림을 배웠다. 사실적인 그림을 위해 경계선을 없애는 데 많은 시간이 필요했다. 코로나 시대로 미술관을 가본 지가 언제인지 모르겠다. 온라인이나 책으로 만족해야만 하는 현실이다. 그림은 눈을 즐겁게도 하지만 마음을 움직이게도 한다. 평소에 지나쳤던 풍경을 그림으로 만나면 위안을 얻게 된다. 우리의 일상 속에 그림이 주는 역할은 생각보다 크다.

사람과 사람은 소통으로 인해 평화가 시작된다고 한다. 시대가 변하고 기술이 발전할수록, 제일 소통하기 어려운 게 사람이지만, 모든 문제의 답은 사람에게 있다. 이 책은 방황하던 삶에서 그림을 통해 세상 밖으로 나아가고 위로받으며 인생의 시련을 극복한 나의 이야기를 담았다. 그림이 인생의 터닝 포인트가 되어주었다. 그림은 상처받은 마음과 고통, 시련을 잘 극복하도록 나를 희망으로 받쳐주기도 했다.

존 듀이는 자신의 철학과 삶의 결정체라고 할 수 있는 미학 저서인 『경험으로서의 예술』에서 삶과 예술을 동일시하며, 교육학과 미학에서도 '경험'에 그 가치를 두고 있다고 했다. 예술 경험을 통해 자아를 발견하고 자아실현을 하게 된다. 또한 이를 통해 다양한 사회적 문제를 해결하기 위해 요구되는 타인 이해, 공감 능력, 소통 능력도 길러진다. 따라서 "개인의 삶의 질 향상"으로 연결되어 우리 사회는 성숙하고 행복한 모습에 더 가까이 다가서게 된다.

나의 내면과 그림이 좋아 유럽배낭 여행을 통해 9개국의 미술관과 박물관을 여행했다. 그리고 8년간 아이들 미술 교육을 했다.

사람이 제도를 만드는 것보다 제도가 사람의 행동을 만들어내는 경우가 더 많다. 우리는 타인과 상호작용을 하면서 소통하며 살아가라고 배웠지만, 현실은 '경쟁'이라는 단어가 더 어울린다.

내일은 오늘을 어떻게 보냈느냐에 따라 변하듯이, 이 순간순간을 보람되게 사는 것만큼 중요한 것은 없다. 그래서 당신이 진짜 원하는 것에 집중하는 삶을 살아야 한다. 우리는 모두 이미 행복한 사람이다.

현대적 미술의 시작은 '표현주의'로부터 볼 수 있다. 다양성과 추상성, 대중성의 특징을 갖고 있다. 현대적 미술은 만드는 것이 아니라 발견하는 것이다. 한마디로 정의하자면 '미적인 개념에서 벗어나 확장된 의미의 초월하려는 미술'이다.

미술을 시작한 지 어느덧 20년이 지났고, 나의 경험은 무의미하지 않았다. 소중한 삶을 위해 예술경험으로 성장하고 발전하는 나의 이야기를 담을 수 있게 나의 잠재력과 내 안의 잠든 거인을 깨워주신 〈한국책쓰기 1인창업코칭협회〉의 김태광 대표님에게 무한한 감사의 말씀을 드리고, 책으로 나올 수 있게 많은 도움을 주신 출판사 관계자 분들께도 감사의 말씀을 전합니다.

"삶은 최고의 예술이다."

"예술은 목표가 아닌 목적을 향해야 한다."　　　　　－ 파블로 피카소